The Einstein Syndrome
Bright Children Who Talk Late

语迟的孩子也聪明
——帮你了解晚开口说话的资优儿童

［美］Thomas Sowell 著

王 玉 郭明珠 译

中国轻工业出版社

图书在版编目(CIP)数据

语迟的孩子也聪明：帮你了解晚开口说话的资优儿童／(美)索尼尔(Thomas, S.)著；王玉，郭明珠译. —北京：中国轻工业出版社，2011.10 (2023.8重印)
ISBN 978-7-5019-8377-3

Ⅰ.①语… Ⅱ.①索… ②王… ③郭… Ⅲ.①超常儿童—儿童教育 Ⅳ.①G763

中国版本图书馆CIP数据核字 (2011) 第157417号

版权声明

THE EINSTEIN SYNDROME: Bright Children Who Talk Late
By Thomas Sowell
Copyright © 2001 by Thomas Sowell
Simplified Chinese translation copyright © (2011) by China Light Industry Press
Published by arrangement with Basic Books, a Member of Perseus Books Group
Through Bardon-Chinese Media Agency
博达著作权代理有限公司
ALL RIGHTS RESERVED

责任编辑：孙蔚雯
策划编辑：孙蔚雯　　　　责任终审：杜文勇
责任校对：刘志颖　　　　责任监印：吴维斌

出版发行：中国轻工业出版社（北京东长安街6号，邮编：100740）
印　　刷：三河市鑫金马印装有限公司
经　　销：各地新华书店
版　　次：2023年8月第1版第7次印刷
开　　本：850×1168　1/32　印张：8.5
字　　数：110千字
书　　号：ISBN 978-7-5019-8377-3　　定价：20.00元
读者热线：010-65181109，65262933
发行电话：010-85119832　传真：010-85113293
网　　址：http://www.chlip.com.cn　http://www.wqedu.com
电子信箱：1012305542@qq.com
如发现图书残缺请拨打读者热线联系调换
101073J6X101ZYW

译 者 序

这是一本介绍异常聪明但晚开口说话的儿童的书。本书的作者托马斯·索厄尔（Thomas Sowell），是美国斯坦福大学胡佛研究院的高级研究员，在1997年的时候，曾出版过《晚开口说话的孩子》（*Late-Talking Children*）一书，在本书中索厄尔更进一步地探讨了这一主题，比如从科学的角度解释为什么这些孩子会较晚发展口语能力，以及父母应该如何应对在抚养晚开口说话孩子时遇到的问题。

本书的两位译者均是从事心理咨询工作的咨询师，翻译过程中印象最为深刻的是关于爱因斯坦综合征的孩子的诊断。关于什么时候进行诊断是恰当的？诊断该由谁作出？是否需要一个诊断？怎样作出一个客观科学的诊断？如何看待诊断带来的影响等？作者都分别进行了论述。作为咨询师，我们深深地感受到诊断的份量，我们对孩子所做的一切，也许会影响和决定他的一生。这时候，我们更对这些孩子的父母充满敬佩。也许在二十年前的中国，我们可以用"贵人语迟"这样的话来慰籍父母焦灼的心，但二十年后的今天，当面对迟迟不开口说话的孩子时，更多的父母面对的是"孤独症"、"语言发育障碍"、"智力低下"等这些带有标签色彩的名词，父母的担心和忧虑也许是呈次方增长的。如何在如此不确定的情境中谨慎和准确地作出判断，对于父母来说是艰难的和需要勇气的。值得一提的是，《爱因斯坦综合征》一书建立在大量的个案研究基础上，并且从科学的角度生动地诠释了爱因斯坦、费曼、克拉拉·舒曼等多位历史名人"贵人语迟"的现象。其中，与大脑脑区资源的分布有密切的关系，因为，早期本应用来发展语言能力的脑区资源被优先用于大脑其他功能的发展，如分析能力；此外，这些表现出爱因斯坦综合征的孩子，对自身有较高的要求，如果不能确定自己完全有能力做成某事，通常不轻易表达，所以有些孩子是从不会说话直接过渡到吐字成句。然而，作者同时也坦诚地指出，这种令人欢欣鼓舞的结果并不是绝对、必然的，本书的宗旨在于提示人们注意到孩子晚说话的背后还存在一种积极的可能性，但不排除确实有些孩子的晚说话问题涉及到更严重的身心障碍，希望读者们可以理解。

如果您是这样一群特殊孩子的父母，本书将能给您带来极大的鼓舞，您将为有这样一个神奇的孩子而感到喜悦甚至兴奋，而不仅仅是担忧和焦虑。

如果您是一位心理咨询师或治疗师，本书将为您系统的展示这样一群孩子独特的个人和家庭特点，尤其是在评估和诊断工作上，提醒我们要慎之又慎。

如果您是一位教育工作者，本书将为您展示如何与这样一群特殊的孩子相处，并给他们提供适合和恰当的教育，帮助他们适应校园生活。

所有关注孩子健康成长的人，阅读本书都会有收获。

能够翻译本书虽然是一个偶然，但就像打开了一个潘多拉的盒子，里面有"乐趣精灵"和"痛苦精灵"。"乐趣精灵"会告诉人们，他们的某些行为认知是正确的；而"痛苦精灵"则会告诉人们，他们的某些行为和认知是错误的；从而，一起为各种生物引导生存的方向。在本书中，似乎就是这样，异常聪明但晚开口说话的孩子就像一个谜团，伴随着作者的抽丝剥茧，我们学会改变自己的一些固有看法，并重新认识这样一群独特的孩子。如果你也偶然地看到了这样一本书，希望你也有所收获。

本书的翻译工作由郭明珠和王玉共同完成，其中郭明珠负责序言、第一章、第四章、第五章、第六章和附录的翻译，王玉负责第二章、第三章、第七章和后记内容的翻译，各章初稿均由郭明珠统一审核，而全书的校译工作则由王玉完成。囿于译者的学识和水平，如果有不恰当之处，希望读者谅解，并不吝赐教。

郭明珠　王玉

2010年3月1日于北京大学

序　言

　　这是一本关于一群特别聪明但说话能力发展较晚的孩子的书，很少有人对他们做专门的研究，但他们是一群极为特殊的孩子。

　　我在 1997 年出版的《晚开口说话的孩子》（*Late-Talking Children*）一书中最先对这类孩子进行了研究。那本书讲述了一个由 46 位孩子所组成的团体，他们的父母来自美国各个地方，形成一个联络网。但是本书并不仅仅以那个团体为主要讨论内容，同时还加入了来自科学研究的最新成果以及最新的个体资料，还有另一个由 239 名孩子所组成的团体的研究资料。这个团体是由来自范德比尔特大学医学中心的口语－言语病理学专家卡马拉塔（Camarata）教授所研究的，这群孩子与我研究小组中的孩子情况相似。此外，本书的研究对象还包括许多不属于上面两个群体的个体历史资料。

　　有一些人可能会认为本书就是一本关于这群特殊孩子的个体纪传史。但是，本书的第一章便着眼于确切的统计数据，是我和卡马拉塔教授的研究小组发现的不同寻常的个人和家庭的模式。在那样的背景下，随后有关的个人事迹可以被看做是这些模式的实例和进一步的确认，而非仅仅就是一些独立分离的故事。此外，大部分的故事都是来自不同于我第一本书的个体身上。

一旦依据数据和真实鲜活的个案建立起模式后，下一步要做的就是为这些极不寻常的模式寻找合理的解释。这是在第四章（寻找答案）中的工作。而第五章则要进入到令人苦恼的两难处境，即评估这些孩子。第六章将探索对这些特殊的孩子进行早期干预的利弊。最后，在第七章中，我们要探讨，在尽了最大的努力去判断为什么这群异常聪明的孩子会晚开口说话，并回应了为什么某个具体的个体会晚开口说话的难题之后，父母要如何应对残存的不确定性。结尾部分会阐述这个研究带来的一些启示。

虽然对于此事并没有简单的答案或者神奇的对策。但是，我们有足够且确凿的信息帮助父母去抵制那些宣称自己有简单的答案或者神奇对策的人。

对很多父母来说，他们最担心的问题并不是自己的孩子比其他孩子晚开口说话，而是担忧孩子的未来以及身边其他人的反应。亲戚、邻居、老师、育儿中心的工作人员和其他大人经常向这些父母抛出不体贴的言语和草率的诊断建议,这让父母感到焦虑和恐惧。母亲常常成为孩子晚开口说话的指责对象,即使这些父母也同时养育了其他正常说话甚至是比正常时间还要早开口说话的孩子。也许最糟糕的是,有一些人会利用父母的担忧让他们的孩子参与到那些并不适合的治疗计划中来。

有太多不同的原因可以解释孩子为什么晚开口说话,但并没有一个放诸四海而皆准的解释或治疗方案。耳聋、心智障碍、自闭症或是耳朵、舌头、味觉的生理问题,都是可能的原因。本书所讨论的被称为爱因斯坦综合征的一整套特点也同样如此。其中并没有提及任何缺陷,但是这些孩子们似乎在依循某种特殊的发展模式,我们可以在很多知名人士和普通人身上找到这种模式,其中就包括了爱因斯坦。

在没有经过医生和他人的测试诊断,并排除其他更可怕的可能性之前,没有一个负责任的父母会轻易认定自己晚开口说话的孩子是患上了爱因斯坦综合征。即便重复测试都显示一致的结果,孩子表现出了各种非常聪明的迹象和本书所提及的爱因斯坦综合征的一切特征,家长还是会持续地担忧。

出于本能的关心和忧虑,家长也许会顺从他人要求

VIII 语迟的孩子也聪明

"做点什么"的压力。这些人可能是亲戚、朋友、邻居或者是那些在学校和其他地方推行各种计划的人。但是,如果有合格的医生或者是其他受过高度训练的专家认为让孩子顺其自然发展是比较好的,那么,这也许就是父母应该做的"一些事情"。

对于其他大部分晚开口说话的孩子来说,早期干预也许是可行的方式。但是,在本书中所讨论到的有着某些特点的孩子,他们可以说就是那一小部分人,并不适合早期干预。

这里所讨论到的大部分孩子的父母,并没有接触过和自己孩子相似的其他孩子。在我的第一本书《晚开口说话的孩子》出版后,我收到了大量这类父母的来信,传达着他们的释怀,仅仅是因为知道了还有那么多其他相似的孩子存在。事实上这些孩子并不像他们认为的那样罕见。到目前为止,我已经从很多父母那里知道了上百个这样的孩子。

父母除了不知道有其他孩子和自己的孩子一样,或许也不知道有一些成人也是这样度过童年的。这些成年人很少向他人提及自己的过去,其中也有不少是在孩童时期不了解晚开口说话状况的情况下长大的。我有两位朋友,是在跟妈妈提及我的研究后,才发现自己曾经是晚开口说话的孩子。而我也在毕业后数年才知道，我有一位大学的舍友曾经是晚开口说话的孩子。总而言之，本书提及的特殊的孩子虽然并不多，但是也并非像父母们所认为的那样罕见。

托马斯·索厄尔

美国斯坦福大学胡佛研究所

目 录

第一章 孩子和家庭的模式 ·· 1
　　家庭模式 ·· 5
　　儿童的模式 ··· 11
　　发展模式 ·· 22
　　晚开口说话孩子的数量 ··· 26
　　来自父母的担心 ··· 32
　　提示 ·· 33

第二章 曾经较晚开口说话的成年人 ·································· 37
　　公众人物 ·· 39
　　默默无闻的人 ··· 52

第三章 晚开口说话的孩子 ··· 77
　　个案 ·· 78
　　回顾 ·· 111

第四章 寻找答案 ··· 115
　　大脑 ·· 117
　　社会性特质 ·· 139

	爱因斯坦综合征	144
	总结和建议	147
第五章	**测验和评估**	149
	标签	171
第六章	**早期干预**	177
	总结和启示	189
第七章	**应对不确定性**	193
	教育机构和社会化发展	194
	长期的不确定性	196
	养育心得	204
后 记	**相关的思考**	207
	本研究的起源	207
	专业人士的反应	213
	更广泛的启示	218
附 录		229
	第一部分：统计数据	230
	第二部分：方法	237

第一章　孩子和家庭的模式

许许多多晚说话孩子的父母试图寻求解决问题的办法，同时他们当中的很多人有着强烈的内疚感。但是，我几乎未曾遇到过需要对孩子晚开口说话负全责的父母。

——斯蒂芬·卡马拉塔教授
美国田纳西州大学医学中心

本书所讲述的是那些较晚（甚至落后了好几年）才开始说话却异常聪明的孩子。尽管大多数聪明的孩子并不会晚开口说话，说话晚的孩子也并非都异乎寻常的聪明。但是，确实有一群特殊的儿童，他们的言语发展与同龄孩子相比大大延迟，但在智力发展上却遥遥领先，其家庭也具有鲜明的特色。阿尔伯特·爱因斯坦（Albert Einstein）就是这类人群的典型代表，相似的人还有很多。

在婴儿发展的过程中，会有一系列的"标准"预测他们的发展阶段——坐、爬、走、说。非常多的父母在孩子发展过程中小心翼翼地通过表格、书籍、杂志去比较孩子是否具备该阶段应有的摸爬滚打能力。当这些父母在与其他父母交流的过程中发现自己的孩子并没有别的孩子发展得那么快的时候，他们的焦虑就会被放大。

当然最终所有的人都能学会行走、说话，学会上厕所以及阅读和写作。在随后的生活中，没有人会有兴趣去关心他们中谁是最先学会这些事情的。但是，这些小孩子的父母会非常关注甚至会对他们眼前这个小生命的一举一动都非常焦虑。不可否认，发展规律对父母、医生和其他与小孩子相处的人来说是有帮助的，它们预示着一些可能的问题和危险。但是，在某些案例中，这些规律反而是有害无益的。规律建立在平均水平的基础上，但是，实际情况通常围绕着平均水平上下波动。

这些所谓的规律就像一团乌云一样笼罩在那些父母头上，他们的孩子过了两岁、三岁甚至是四岁却还未开口说话。只有当孩子被证实是智力迟钝或者是聋哑时，父母才会开始妥协于这样的遭遇。但是，有些父母很有可能一直在矛盾中挣扎，不断地从他人甚至是医生那里听到不同的结论。那些不断在各个方面显现出聪明才智的孩子，在某些方面甚至比他们的同龄人表现得更为突出，但就是沉默不语，而此时朋友和邻居们的小孩却在一个正常的时间点发展着说话的能力。

我就是这样一个孩子的父亲,4年前,我发表了关于这些孩子的第一个研究。(顺带一句,我的儿子,现在已经是一个计算机软件工程师。)

在我的研究之前,有许多关于晚开口说话孩子的研究,但是并没有研究特别关注这些说话晚但却智力超常的孩子。当我们得知爱因斯坦就是这种类型的小孩之后,就更加有理由相信还有许多异常聪明但也是说话晚的人。事实上,我不断地在各个行业发现有许多这样的人存在——知名人士亦或普通人。

许多父母在读过我的《晚开口说话的孩子》一书后写信告诉我,当他们读到那些就好像是透过摄像头记录他们的孩子和家庭的文字时,他们是多么地惊讶。一个妈妈说当她读到那些与自己孩子和家庭如此相似的描述时,都起鸡皮疙瘩了。还有一些妈妈说,当她们第一次看到书上一语中的地说出她们对自己孩子的困惑时,忍不住哭了。这些因有相似的孩子而给我写信的父母的数量已经远远超过了我在那本出版的书中所描述到的46个家庭。

现在,4年后,我们有可能沿着最初的46个孩子的步伐再往前走,美国田纳西州大学的斯蒂芬·卡马拉塔(Stephen Camarata)教授提供了一个更大的智力超常但晚开口说话孩子的样本，我们有可能在这项研究的基础上发现更多。他是一个研究儿童语言障碍的心理学家，也发表过很多这一主题的文章。同时，他也是一个晚开口说话孩子的父亲，而他本人也是在三岁半的时候才开口说话。

在我们开始讨论研究发现的成果前，我需要提醒父母的是，并不是所有说话晚的孩子都跟我们研究中的孩子一样。错误的希望会带来不可避免的失望。孩子说话晚事实上有非常多的原因。有一些是因为生理上的缺陷，如耳朵或者是发音器官的问题，有些是孤独症的孩子。晚说话孩子的智力水平分布从极低到极高，当他们成年后，有一些甚至在经济或者是物理领域获得诺贝尔奖。

很多研究比较了晚开口说话的孩子与普通孩子，发现晚说话孩子通常在智力技能方面有些落后，而且通常有其他问题。但是，当把研究对象分成两组：（1）那些不会说话也不能理解他人说什么的孩子、（2）那些能够清楚理解他人言语而仅仅是不开口说话的孩子之后，发现后面那组的孩子更有可能正常地发展。我的研究和斯蒂芬·卡马拉塔教授的研究最先更为深入地关注到那些说话晚但智力不仅正常而且超常的孩子。虽然在5年前并没有这方面的研究，但是现在我们有两个这一方面的研究，同时有两组孩子和他们的家庭可以进行比较。

我们可以从这些孩子和父母身上发现些什么呢？

家 庭 模 式

在两个研究中，那些智力超常但晚开口说话孩子的家庭都并非是典型的家庭。这些孩子大部分都有近亲在从事分析性职业，比如工程师、科学家和数学家，而他们也有各种近亲在从事音乐工作，有一些是非常知名的音乐家。通常同一个孩子就有很多近亲在这些领域工作，而并非仅仅只有一个工程师和一个音乐家。在我的研究中，平均的个数是 4，最少的是有一个小孩 1 个都没有，而最多的有 3 个小孩各自有 9 个这样的近亲。

这些都是非常值得关注的，因为在我们的研究中对"近亲"的界定是非常严格的，只包括父母、祖父母、亲叔舅和亲姑。甚至都没有包括同代的堂兄弟姐妹。在卡马拉塔教授的研究中也有一个相似的界定标准，他的研究中近亲还包括了兄弟姐妹，这个在我的研究中并没有纳入。

我从 43 个家庭的研究中发现的模式与卡马拉塔教授研究小组在最初两年对 232 个家庭的研究中发现的模式是非常相似的。我的小组最初成立的目的是为了相互支持，而非研究。随着时间的发展，这样的家庭数量已经上升到了55个，我在《晚开口说话的孩子》一书中记录了研究结果。在这55个家庭中，有44个完成了我发放的问卷。这44个家庭中共有46个说话晚的孩子，因为其中有两个家庭分别有两个这样的小孩。在我的研究中，有一个小孩是被收养的，所以他的原生家庭我们并不了解。最终，我的研究中就包括了43个家庭。在卡马拉塔教授的研究中，有235个家庭，其中有232个原生家庭，因为有两个是收养家庭，还有一个家庭的小孩是通过精子捐赠诞生的，所以不清楚父亲是谁。总而言之，截至研究进行了两个年头时，在他的研究小组中，共有239个孩子，有236个孩子来自于他们的原生家庭。

卡马拉塔教授的研究样本不仅在数量上更大，而且发展得更快并且能够持续地进行数据收集，而我的研究样本数据收集工作却已经结束了。在2000年6月，他非常慷慨地提供给我在过去两年中参与他的研究的家庭的数据。这就给了我得以从个体和家庭层面来比较这两个研究样本模式的机会。

分析性职业

其中最令人震惊的是两个样本中的家庭特点都并非

是典型的，而且家庭中有着非常高比率的人从事分析性职业。我的研究中 74% 的孩子和卡马拉塔教授研究中 70% 的孩子都有至少一个近亲是工程师或者是科学家或者是数学家。而仅仅是工程师，在我的研究中就有 60% 孩子拥有这样的近亲，在卡马拉塔教授的样本中有 59% 的家庭拥有。

其他需要高度分析性的职业同样在这些孩子的近亲中有相当高的比率。表 1.1 详细地记录了这些孩子的近亲的职业分布。

表 1.1　两个研究中孩子近亲职业的分布情况

	我的研究	卡马拉塔教授的研究
会计师	53%	38%
计算机专家	35%	44%
工程师	60%	59%
数学家	5%	17%
物理学家	12%	19%
飞行员	14%	13%
科学家	20%	18%
其他分析性职业	5%*	20%
至少有上述一种	86%	89%
有两种或以上	65%	70%

* 包括两个经济学家

这些家庭是如此不寻常。事实上，我们尝试把他们与有同样人口、年龄、社会经济地位的正常家庭进行比较。虽然这不可行，也没有必要。我们知道普通人群中的正常家庭里有3/5的孩子近亲中并没有工程师，这样的结果是显而易见的，因为我们的社会并不需要那么多的工程师。在其他分析性职业中的情况是相似的。来自两个样本的晚开口说话孩子的家庭是如此不同寻常。当我们把这些近亲中高分析职业的特点考虑进来，就会非常清楚地推论这两个样本的群体都有非常强的数学和其他分析能力。

这样一种有高比率的从事分析性职业的近亲绝不仅仅是一种巧合，这样的高比率不单单是与普通人群相比的结果，也是与普通的晚说话孩子家庭的样本对比的结果。在英国一个关于普通的（非智力超常的）晚说话孩子的研究发现，这些孩子的父亲只有2%是工程师。但是在我的研究中有20%的孩子的父亲是工程师，在卡马拉塔教授的样本中有22%。有爱因斯坦综合征*的孩

---

* 爱因斯坦综合征：较晚（甚至落后了好几年）才开始说话却异常聪明的孩子，阿尔伯特·爱因斯坦就是这类人群的典型代表。这些孩子几乎都会对一些特殊的领域痴迷，比如计算机；他们有惊人的记忆力，喜好需要分析、推理的活动；他们拒绝参加任何他们不感兴趣的任务，而且，经常会被标签为是有着注意力缺陷障碍的或者是有多动症的。大部分孩子都有近亲在从事分析性职业，比如工程师、科学家和数学家，也有各种近亲在从事音乐工作。——译者注

子并不仅仅是晚说话的孩子！他们和他们的家庭有一些非常奇特的特点，这些在后面的数据分析中可更为清晰地看到。

如果分析性职业仅仅是指工程师的话，那么在这些家庭中如此高比率的工程师职业已经够让人震惊了。但是如果加上数学家、科学家、计算机专家、飞行员、经济学家和会计师，在我的43个家庭的研究中，有37个家庭有至少一个近亲在这些领域工作，而且大部分的有一个以上。相似的情况也出现在了卡马拉塔教授的研究中，232个家庭中有210个家庭有至少1个近亲在这些分析性行业工作。

音乐

在我的研究小组中，有3/4的孩子至少有一个近亲通晓乐器，57%的近亲通晓多种乐器。而仅从父母的情况看，在超过半数的家庭中至少都有一个父母会乐器，26%的这些孩子有近亲是著名的音乐家。

在卡马拉塔教授的小组中，78%的孩子至少有一个近亲通晓乐器，而有66%的会多种乐器，28%的孩子有近亲是专业的音乐家。再一次，我们看到了如此高比率的情况，尤其是在专业的水平上。这一点无疑再一次支持了这个人群的不寻常,而且这些特殊的能力可能是天生具备的。

当一起考虑从事分析性和音乐职业的时候,在我的样本中只有3个孩子没有近亲在这两个领域,大部分都有多个成员在这些领域工作。在卡马拉塔教授的研究中,只有4%(12/232)的家庭没有在上述两种职业领域。这与我研究中的7%的概率相对接近。在他的研究中,有91%的孩子至少有两个或者两个以上的近亲在这些领域工作,而有83%的至少有三个近亲在这些行业。

教育水平

两个样本中的孩子父母的教育水平都在平均水平之上。在我研究中,将近59%的父母接受了大学4年的教育,27%还接受了研究生教育。在卡马拉塔教授的小组中,71%的父母接受了大学教育,26%的父母接受了研究生教育。

因为要获得较高受教育水平还受到很多经济和社会因素的影响,所以这部分的发现并没有像发现近亲高比率的分析性职业那样有力地推断这些特点是与生俱来的。但是,这也反映了这些家庭是不同寻常的。

说话晚的孩子的亲戚

在这些晚说话的孩子中是否有亲戚也有晚说话的情况呢？在我的小组中，有26%的有这样的情况，在卡马拉塔教授的小组中，有48%的晚说话的孩子有一个近亲也是晚说话的。但是，在我们的两个研究小组中以及我听说过的其他研究中，大部分的父母并非晚开口说话的孩子。

非常多的父母都说并没有见到或者是听说有像自己孩子一样的情况。这也就说明了这些父母之前所提到的在抚养这些孩子过程中感到隔离和迷惑的情况。那些近亲中确实有同样晚开口说话孩子的父母，当知道别的晚说话的近亲情况好转时，即使"专家"对自己的孩子进行了一些消极的预测，他们通常都会感到获得了力量。

儿童的模式

我们可以从上述研究中发现这些孩子自身有哪些特点呢？两个研究中的孩子在性别比率、能力模式、性格特点上都与普通孩子有差异。我们现在可能更多地考虑个体的特点，而不是家庭的。我们把两个样本中的46

个孩子和 239 个孩子都一并考虑进来，不管他们是不是这个家庭的亲生子女。

性别比率

在我的研究和卡马拉塔教授的研究中，在性别比率上，男孩获得了压倒性的胜利。在我 1993 年最初的 55 个晚说话孩子的研究小组中，87% 的孩子都是男孩。在这 46 个孩子中，89% 的是男孩。在卡马拉塔教授的小组中，236 个孩子中有 85% 是男孩，与他总的样本 239 个小孩的男孩比率是一致的。但是，研究中女孩的近亲的特点与男孩并无差异。比如，5/7 的女孩在我的研究中有至少一个近亲是工程师，5/7 的人至少有一个近亲通晓乐器，所有这些都是亲生子女。在卡马拉塔教授的小组中，36 个女孩中的 24 个的亲生子女有一个近亲是工程师，36 个女孩中的 31 个有至少一个近亲通晓乐器。

从这些女孩的行为特点看，这两个小组中的女孩与男孩是非常相似的，所以我们并没有单独列出他们的数据。比如，卡马拉塔教授的研究中发现 75% 的女孩和 77% 的男孩都喜欢制作东西。（我的研究中没有关注这一点。）

智力水平

两个研究小组中的小孩都表现出了跟他们的近亲一样的高分析能力倾向。当他们还在学走路的时候,大部分就已经非常擅长玩拼图游戏,有时候还可以玩那些为儿童和成人设计的拼图游戏。但是,无论他们是孩子还是成人时,诗歌、艺术和社交技能都不会是他们的兴趣和追求。

令人惊讶的是,两个研究中的孩子都极少进行过正规的智力测试,尽管他们出现了语言发展上特殊的情况。这也许是因为这些孩子的父母已经从这些孩子早熟的智力能力上看到了足够的信心,这让他们不会去对智力分数质疑。事实上,正是这些孩子智力上的高水平和他们晚开口说话的现象给家长和专家带来了困惑。

在两个研究中,父母都被要求对自己的孩子在解决难题上的平均能力进行打分,是在平均水平之下还是之上,表1.2呈现了两个小组的情况:

表 1.2　父母对孩子解决难题能力的打分

	我的研究	卡马拉塔的研究
较好	67%	46%
平均水平	15%	37%
平均水平之下	11%	8%
没留意	7%	7%

虽然在卡马拉塔教授的研究中在"较好"这个水平的孩子并不像我的研究中那么集中，但是，这个类别中的孩子依然是最多的。此外，只有8%的孩子是在平均水平之下的，我的数据是11%。这些父母只有一小部分认为他们的孩子在运动上的能力是在平均水平之上的，我的研究中是35%，卡马拉塔教授的研究中是37%。而且，在这两个小组中，相当多的父母评价他们的孩子的社会发展能力是在平均水平之下，甚至是更差，所以这些评分并非是家长的乐观偏差。

记忆是智力能力的另一个表现。在这里，我们再一次发现了在两个研究中相同的高比率的记忆水平（表1.3）。

表 1.3　父母对孩子记忆能力的评价

	我的研究	卡马拉塔的研究
非常好	59%	52%
平均水平之上	42%	33%
平均水平	没有	13%
平均水平之下	没有	1%
非常差	没有	7%

简而言之就是在两个研究中都发现了父母对孩子记忆力的评价出现了比较突出的较高水平偏向。在我的研究中，非常多的父母写下了诸如"好得难以置信"，或者是打出一连串的感叹号。其中很多父母，以及我听说过的其他不属于我的研究小组内的父母，会描述出非常生动的例子，他们的孩子是有怎样异乎寻常的记忆力：他们的记忆力就好像是一个"照相机"，把内容像画面一样完整地保留下来。

也许并不用感到惊奇的就是，在这些孩子的喜好中，拼图游戏的能力是超常的。在卡马拉塔教授的研究中，82%孩子的父母评价小孩喜欢拼图游戏，而仅有4%的父母评价孩子不喜欢。86%的孩子喜欢计算机以及97%的孩子喜欢音乐。而239个孩子中仅有一个孩子既不喜欢计算机也不喜欢音乐。

我的研究在这一部分稍微有点不同，也较少关注这一块的内容。我向父母提的一个要求是让他们列出孩子喜欢和不喜欢的活动，我并没有给出具体的选项，而卡马拉塔的调查中列出了选项。总体来说，我研究中的小孩子喜欢这些活动的比率要比卡马拉塔的低很多，但是计算机、音乐和拼图游戏依然位居前三位。

非常巧合的是，那些高比率的喜欢计算机的孩子让人非常惊奇，因为他们中的很多孩子仅仅是学龄前儿童或者是初学走路的孩子。他们甚至在两岁的时候，就可以不在成人的协助下使用计算机。事实上，我的研究中有一个4岁大的学龄前儿童，能够在家里协助母亲或者是在学校老师的协助下解决他们在使用计算机过程中遇到的困难；他还可以闭着眼睛弹钢琴。

社会性

对两个研究中的孩子来说，社会性发展是他们出现困难的领域。加上晚说话，他们中的很多人都会比较晚才能开始与同伴交往，而且也会比较晚进行如厕训练。

在与人交流方面，两个研究中的大部分孩子都被评价为在平均水平之下（表1.4）：

表 1.4　父母评价孩子与人交流的能力

	我的研究	卡马拉塔的研究
非常好	2%	3%
平均水平之上	15%	11%
平均水平	13%	29%
平均水平之下	43%	47%
非常差	26%	9%

简而言之，在我的研究中有超过 2/3 的孩子被评价为在平均水平之下或者是远远低于平均水平，在卡马拉塔教授的研究中也有超过半数的孩子是相同的情况。非常多的父母承受着巨大的压力，担心他们的孩子长大后会成为不合群的人或者是会因为他们孩童时期的不合群行为而遭受痛苦的折磨。但是，这些关于孩子社会性发展的评价都是在他们非常小的时候作出的。我的研究中还纳入了 6 个成人，他们曾经是晚说话的儿童。但他们中有 4 个人的社会性发展能力被评价为在平均水平之上或者是远远高出平均水平。目前，我们只能有如此小样本的数据，但从中也许我们可以看出点端倪，这些晚说话孩子早期的社会性发展的缓慢并不会成为他们日后的问题。卡马拉塔教授的研究中并没有包括这个问题。但是，据我对这些晚开口说话孩子成人时期的观察，包括

卡马拉塔教授本人，都没有表现出不合群的特点。在不止一次的场合下，卡马拉塔都成为聚会中的焦点。但是，也有一些晚说话的孩子确实成为比较害羞或者是不合群的人，但这就像有些正常说话的孩子也可能会出现的情况是一样的。

关于社会性发展的另一个问题是结识新朋友。卡马拉塔教授的研究中问到了这些孩子是否喜欢结识新朋友，但是我的研究中没有提及这个问题。研究的结果互相交错，这是少有的男孩和女孩存在差异的地方，所以在这里分开来统计。

差不多有超过半数的男孩或者女孩喜欢结交新朋友，这个男女比率是相似的。但是不喜欢结交新朋友的男女比率是有差异的，有27%的男孩不喜欢，而仅有15%的女孩不喜欢（表1.5）。

表1.5 父母对孩子结识新朋友喜好的评价

结识新朋友	男孩	女孩
非常喜欢	16%	19%
有点喜欢	30%	38%
中立的或者是不知道	26%	22%
有点不喜欢	24%	11%
非常不喜欢	3%	4%
没有回答	1%	0%

两个研究中的孩子存在的另一个问题是如厕训练。一般的孩子在两岁到3岁之间就会进行如厕训练。但是，这两个研究中的孩子学会如厕的平均年龄都要大于两三岁。在我的研究中，孩子学会排尿和排便的平均年龄在3岁到3岁半之间。在卡马拉塔教授的研究中，学会排尿也是相同的年龄，但是那只是对于已经学会如厕的孩子来说，这部分的孩子大概在他的研究中有一半。对于排便，平均年龄在3岁半到4岁之间，其中有一半的孩子是在受调查期间学会的。

卡马拉塔教授研究中的孩子平均年龄比我的研究中的小，这也许是为什么他小组中的孩子学会如厕的平均年龄要低于我的研究的原因[*]。但是，在两个研究小组中，也有很大的差异。有些孩子在他们两岁前就开始了如厕训练；而有一些孩子在他们5岁的时候，才开始这样的训练。

在与这些晚说话孩子的父母交流过程中一次又一次出现的一个词语是"坚强的意志"。这样的描述不仅出

---

[*] 关于这个的年龄差异是有原因的。加入到我小组中的最后一个小孩是在1996年，第一个小孩加入卡马拉塔教授的研究小组中是在1997年。还有，我小组中的小孩是已经经过了数月或者是数年的调查，而卡马拉塔教授小组中的孩子是在他们加入的时候才参加调查的。所以在我的小组中的大部分孩子在他们接受调查的时候已经会如厕，而卡马拉塔教授小组中只有半数的小孩会如厕，这个事实并不奇怪。

现在我们的两个研究小组中，而且也出现在那些跟我或者是卡马拉塔教授联系的其他没有参与实验的父母口中。同样的模式也发生在独立性上，坚持自己独特的想法或者仅仅就是一种执着，这些是我们同样可以在那些晚开口说话的名人身上看到的特点。我们会在下一章更加详细地讲述这部分内容。但是，在两个研究中都没有收集到这方面的数据。这仅仅是从与我或者是卡马拉塔教授联系的非常多的晚开口说话孩子的父母那里得到的信息，他们并没有参加调查。

在我们的两个研究中发现的一些模式与另外两种类型的孩子——高智商的孩子和孤独症的孩子非常相似。波士顿大学的温纳（Winner）教授的一个关于高智商孩子的研究发现他们研究中孩子的社会特性与我和卡马拉塔教授研究中孩子的特点非常相似。这些通过测试被认定是孤独症的孩子也有诸如上述的一些性格特点。

温纳教授的研究发现，高智商的孩子也有与孤独症孩子相同的特点：痴迷的爱好、不太寻常的敏感性、过度的反应、惊人的记忆力。但是，这并不是说有这些特点的孩子就是孤独症的小孩。即使晚开口说话的孩子有这样的特点，我们也不能说他们是孤独症。因为我们经常可以看到很多孩子被模式化的症状核对表认定为某种类型（表1.6）。

表1.6　温纳教授研究中高智商孩子与我们研究中孩子特点相似之处

引用
他们几乎都会对一些特殊的领域痴迷，比如计算机。
这些孩子被报告对响声、疼痛和挫败表现出非常强烈的反应。
他们拒绝参加任何他们不感兴趣的任务，而且，经常会被贴上注意力缺陷障碍或者是多动症的标签。
天才儿童几乎在所有领域都有自己独特的想法。
他们经常独自玩耍，而且非常享受孤独的感觉，这不仅是因为他们喜欢这样，而是因为少有跟他们具共同爱好的孩子可以与之一同玩耍。
他们有惊人的记忆力。

除去考虑"多动症"、"注意力缺陷障碍"或者是"孤独症"这样的类型，这些孩子也通常会被简单地定义为智力迟缓。比如物理学家爱德华·特勒（Edward Teller）和阿尔伯特·爱因斯坦，以及在19世纪非常有名的钢琴家克拉拉·舒曼（Clara Schumann），所有这些人都在他们还是小孩子的时候被认为是低能儿童。

第一个发现智力超常的孩子都有非常强烈的选择性兴趣的人并不是温纳教授，著名的斯坦福大学的特尔曼（Terman）教授在追踪孩子一生的研究中发现了高智力的孩子都有非常强烈的有选择的兴趣，并且他们能够在感兴趣的地方表现得非常出色。

这些聪明孩子独立的有选择的兴趣不仅会在他们晚开口说话的的时候被认为是一个问题，这些相似的性格特点同样会在他们在学校或者是班级的时候被认为是一个问题，这些孩子的"活动"或者是"项目"并不会被老师当做是一种出色的表现，而是不讨人喜欢的、烦人的表现。这些孩子在学校功课上的不适应通常很容易被认定为这个孩子适应性差，由此他们有可能被认为有"注意力缺陷障碍"，而不考虑他们只是对学校功课不感兴趣。利他林（一种治疗多动症的药物）的使用就变成了智力教育的一种替代物。

发 展 模 式

这些孩子什么时候开始说话呢？这取决于说话的定义是什么；是指能够说一些单个词语、几个词组、完整的句子，还是前后连贯的对话。

在我的研究中，大部分孩子在两岁半之前至少会说一个词语。在卡马拉塔教授的小组中，大部分孩子在一岁半之前至少会说一个单独的词语。但是大部分父母并不认为能说一个词语是会说话的表现。特别是那些晚开口说话的孩子，他们很少说独立的词语，有时候几个月甚至是一年都是那几个词。不仅如此，一个词语更多的时候会被当做小孩子发出的一种声音而非有意说出的一个词语，除非这些词语是特定地指一些人、事物或者是感觉的时候。

我研究中的大部分孩子在他们3岁半之前都不会用多于一个词语来表达，他们通常在4岁的时候才第一次说出完整的句子。但是这很难与卡马拉塔教授的研究进行比较，因为在他的研究中，小孩的年龄更小一些。在两个研究中，都有小孩还不会说词语或者句子，更不用说进行连贯的对话。但是，我研究中的大部分孩子和卡马拉塔教授研究中超过半数的孩子都能够说出完整的句子或者是进行连贯的对话。在他的小组中，小孩子都开始学习多个词语的句子，在三岁半的时候，大部分的孩子都开始能够说出这样的句子，而在5岁之前，都能够说出完整的句子。

我的研究小组中，大部分孩子在不到4岁的时候都能够进行连贯的对话。而在卡马拉塔教授的小组中，孩子们在6岁之前还不能做到这些，其中58%的孩子还不能连贯地对话。在此需要再次重申的是，他的研究小组中孩子的年龄要比我研究中的小。

在两个小组内部，孩子之间的差异非常明显。我的研究中有两个孩子在 3 岁半之前甚至一个词都说不出，而卡马拉塔教授的研究中有个孩子在 4 岁的时候也还不能这样做。当然，在两个小组中，都有小孩在他们 1 岁之前就说出第一个词语。

就是说，并没有标准的界限匡定这些晚开口说话的孩子到底什么时候开始说话。这可能是一个渐进的或者是顿悟的过程，他们最开始的讲话可能是发音清楚的，也可能是令人费解的。有一些孩子和其他孩子开始说话的时候一样，先是喃喃自语然后是一些独立的词语，不断地向正常的对话发展，仅仅是开始的时间不同而已。而在一些个案中，晚开口说话的孩子并不像一般的孩子一样，他们仅仅是沉默，直到某一天，突然就会说完整的句子，这让父母都感到惊奇。

即使在孩子开始说话之后，言语的发展也是非常不均衡的过程。1925 年的研究发现，有个晚开口说话的女孩，在 24 个月大的时候只会说 5 个单词，到她 39 个月大的时候，词汇量已经逐渐上升到 123 个（这还不是她姐姐在她这么大的时候的词汇量的一半）。在她 40 个月的时候，词汇量就成倍地增长到 240 个，在 41 个月的时候，又再次成倍增长到 490 个。在一年半的时间里，她的词汇量几乎获得了百倍的增长，这也真是一个复杂的过程。

即使在晚说话的孩子开始说话之后,说话的内容量在不同孩子之间也是有非常大的差异的,有些孩子能滔滔不绝,而有些孩子在第一次说话之后可能会保持长达几个月的沉默。密歇根大学的一个教授谈到了自己儿子的沉默,以下是这个3岁的儿童在与他哥哥经历某一事件时候的反应:

哥哥已经5岁了,开始学着阅读,会通过制造噪声来吸引溺爱他的父母的注意。有一天晚上,他遇到一个不会读的字,努力吵着要读出来。这时候,他的弟弟爬过来了,看着本子上的句子,然后流利地读出了整个句子。在那之后,他又一次几个月都不说话。而再之后,就开始能不费力地讲话了。

我们不能把孩子何时说话的界限定得非常严格,也不能把他们说话的发展过程进行标准化。即使在这些孩子开始说话之后,其中有人也说得非常少,而有一些就变得非常健谈,使其父母不得不发出"现在我宁可他闭嘴"的感叹。而有一些晚开口说话的孩子长大成人后依然沉默寡言,当然,这也会发生在没有晚说话的人身上。

当某些这样的孩子开始说话后,尽管他的亲人们能发展出一种听懂他们说什么的能力，但大部分的人对他们所讲的内容却不知所云。而其他晚开口说话的孩子可能从会说话的那一刻起就谈吐清晰。也就是说，这些孩子不单是在语言发展上与普通孩子有差异，他们自身的发展也并没有一个模式。他们以自己独有的方式发展，在各个方面均是如此。

语言治疗看起来对一些孩子有帮助，但是有些孩子依然停留在之前的状态，无论是其父母还是专家的努力都无法见效。有一位家长，无论是在孩子的言语治疗还是如厕训练上，都没有取得成功，最终放弃了这些努力；然而很有可能在某一天，他会惊奇地发现，对于那些大人们费尽心力要他做到的事情，孩子突然之间都做到了。

晚开口说话孩子的数量

在人群中，晚开口说话的孩子到底有多少呢？换言之，那些晚说话但拥有超强分析能力的孩子有多少呢？

恐怕没有人知道答案，即便是晚开口说话的孩子，也是只有例外而无规则可循的；但是我仍然对不经意间发现的这些孩子感到惊奇。我没有刻意寻找他们，仅仅就是和别人提到这个主题、我的研究或者是一本书的内容而已。有时候，我突然发现身边有一些人非常符合这个模式，尽管我在研究这个主题之前还不知道他们就是晚开口说话的孩子。

我认识的第一个晚说话的人，除了我的儿子，就是我的大学室友。但是在我们一起上大学的时候，我完全不知道他是一个晚说话的人。很多年后，当我开始与我的儿子接触并着手研究这个主题的时候，我突然意识到，我的室友——他，就是这样一个人。他现在是一所知名大学的数学教授。晚开口说话的孩子通常在以逻辑为背景的领域里都非常出色，不论是数学、国际象棋、计算机还是钢琴。

另一个我认识的晚说话的人是我几十年的朋友，同时也是资深经济学家沃尔特·威廉斯（Walter Williams）。事实上，沃尔特本人并不知道他是晚说话的人，直到他跟他的母亲提及我的研究时，她的母亲才告诉他这个情况。另一个经常帮我解决计算机问题的朋友也是直到和他的母亲谈到我在研究这些特殊孩子的时候才知道自己就是晚说话的人，当时他的母亲跟他说："你就跟他们一样！"

当我在1996年完成《晚开口说话的孩子》的手稿时，有两个出版商表示对此感兴趣。其中有个出版商的秘书说他本人就是一个晚说话的人。还有一个出版社的领导也说他自己就是一个晚开口说话的人，在进入出版业之前他曾经是一个专业音乐人员。

1996年，我曾在新西兰度过一个星期，碰巧与两个人谈及了我的研究，他们都说自己认识这样的人。那两个晚说话的孩子现在都长大成人了，一个成了工程师，而另一个是数学家。

1997年的春天，我又认识了四个这样的人。其中一个是美国瓦巴什学院（Wabash College）的数学教授，他是在我做演讲时认识的。当我的妻子提到她要陪伴我参加一个售书活动时，他的同伴很自然地好奇这是一本什么书。在我妻子告诉他这本书的内容后，他给我们列举了他认识的好几个晚说话孩子的实例。一个现在读医学院；另一个是在美国加州大学念研究生，他是系主任候选名单上的一员，同时参加了当地的交响乐团；第三个晚说话的人还是个小学生，但他已经被公认为是一个数学和计算机的专家了。

我第一个关于这个主题的正式报告是在纽约的哈佛俱乐部做的。1997年8月，我在那里做了一场演讲。听众包括一些聪明但晚说话的孩子的父母，其中有一些孩子现在已经成年了。大部分孩子都来自与我的研究小组相似的家庭，而且这些孩子也有相似的特点。我不断地遇到这类孩子，可能在访谈节目中，或者通过邮件、电话，或者在做演讲的时候。

我早期接受过一个名为《星期二教育》的电台节目的媒体采访。这档节目通过电话进行，由美国威斯康星州的国家广播电台进行广播。我整整在线一个小时，遇到5个晚说话但异常聪明的孩子。这5个孩子都有一个近亲是工程师，节目的女主持人对此感到非常震惊。相似的故事随后发生在我接受的谈话节目的采访中，两个谈话节目的主持人贝利·法伯和戈登·利迪说，他们也是比较晚说话的。

还有一次，我参与了美国华盛顿国家广播电台的节目，恰巧卡马拉塔教授收听了那个节目，随后他联系了我，并尽其所能地给我提供帮助，让我得以有机会把这些晚说话孩子的父母介绍给正在进行临床治疗研究的语言病理学方面的专家。卡马拉塔教授在这之后就开始建立晚说话孩子的研究小组，将这些孩子的父母也纳入其中，开始了他的研究。同时，他也成立了一个基金会以支持孩子进入成年期后的跟踪研究。

在巡回书展之后，我回到了家里，发现电话上有一条国会议员迪克·阿米（Dick Armey）的留言，他说他就是一个晚说话的孩子。他在从政前是从事分析性职业的，是一个经济学教授。我还意外地发现，他那个做立法委员助理的哥哥也是一个晚说话的人，且在学习能力倾向测验测试的数学部分中获得了800分。

还有一个名牌大学的教授写信告诉我，他的孙子就是一个晚说话的孩子，他的家庭里面有相当多的科学家和音乐家。但是，这个小男孩的父母对孩子晚开口说话的情况非常敏感，这个教授都不敢跟他们提起这个话题，更别说告诉他们我有一本这样的书。之后，这对父母自己发现了这本书，然后与教授探讨这本书，现在他们能够随意地谈论这个话题了。

我也了解到我的一个远方亲戚和他的妻子也对这个话题很敏感，非常不愿意谈论自己孩子晚说话的情况。我复印了一本我的书给一个与他们比较熟悉的家庭成员，他会知道如何让这对父母乐于接受这个话题。

随着我研究的晚说话孩子资料的增加，我决定定制两个文件柜来存放它们。而很巧的是，其中有一个文件柜送货员说他就有一个妹妹是晚说话的人，她现在还在上学，是一个非常优秀的学生。

两年后，也就是1999年10月5日，我碰巧在一天之内获知了两个晚说话的人。在早上与加州《圣安娜橘郡纪事报》(*Orange County Register*)的编辑见面的时候，我提到了《晚开口说话的孩子》这本书。其中有一个编辑说他弟弟就是这样的人。当我问他弟弟是从事什么工作的时候，他说他弟弟现在已经获得了一个数学的博士学位。而同天晚上，在洛杉矶一个由胡佛研究所提供赞助的聚会上，一个叫盖里·贝克尔（Gary Becker）的诺贝尔经济学奖获得者说他也是一个晚说话的孩子，两岁半前都不会说话。

在 1999 年 3 月 17 日的《换日线》(*Dateline*)电视节目上谈论了晚说话的孩子后，他们收到了成百上千个邮件、信件和电话，其中有不少是写给我的。我们的一个切身经历可以反映出人们对"晚说话"孩子的关注急剧上升。那就是我花了将近 3 年的时间才让 55 个晚说话孩子的家庭参与我的研究；而卡马拉塔教授在一次电视节目之后仅用了一年的时间就让 200 个家庭参与到他的研究中来。我的研究被试仅仅是在美国境内；而卡马拉塔教授的被试还包括了来自巴西、新西兰、马来西亚、阿联酋等国家的人，而且他还经常会被来自英国、法国、意大利、西班牙、古巴、日本、土耳其、罗马尼亚、斯洛文尼亚和沙特阿拉伯等国家的人问询相关事宜，更不用说在美国受到的关注了。

来自父母的担心

在卡马拉塔教授和我的研究中,父母最为担心的是什么呢?他们什么时候开始苦恼的?

在我们的研究中,超过半数的父母在孩子两岁半之后非常担心孩子在语言发展上的迟滞状况。这些父母往往担心的不是孩子的日常问题,而是他们如此落后于"常规"的说话年龄。在一些情况下,我们应该关注的是孩子因为不能让别人理解自己而感到的挫败,但是在研究中,父母频繁提及的还是孩子比其他人说话晚这件事。父母提及的对孩子担心的主要方面见表1.7的统计:

表1.7 父母提及的对孩子担心的主要方面

	我的研究	卡马拉塔教授的研究
孩子的沮丧	9%	11%
日常问题	2%	9%
落后于预定说话时间	67%	65%
其他问题	22%	14%

从父母开始为孩子晚说话的问题感到担心到孩子会说话的这个时期,对于父母来说,是一个充满煎熬、压力和泪水的过程。通常,在我的研究中,孩子要到两岁

才会说话，而在卡马拉塔教授的研究中，要到3岁才会说话，这该是多么难熬的日子。对于这些父母来说，在经受各种压力期间，他们可能会觉得是自己在抚养过程中不尽职造成了孩子的问题，这种应该为孩子晚说话负责的想法大大加剧了他们的压力。常常，亲友们欠考虑的评论以及某些专业和半专业人士（学校人员）给孩子草率贴上的标签，都形成了可怕的警告，大大加重了家长的焦虑和不详的预感。

当一个孩子晚说话的时候，我们确实有必要去关心这个问题。自我满足是非常危险的。幸运的是，父母并不需要对孩子晚说话的情况负上任何责任。这样的父母，需要的不单是一般信息，还需要专业的、多样的关于他们孩子的评论。显然，这本书开了个先例。在何时、何地通过什么样的方式选择——一个对于这样特别孩子的建议——是非常重要的。

提　　示

我和卡马拉塔教授的研究都一致地发现说话晚但聪明的孩子身上有一些令人惊叹的特点，但是"故事"还需要这些孩子和家庭的亲身经历来补充完整。这些经历可以告诉我们，父母在照顾孩子以及孩子在学校所遭遇的起起伏伏，还有他们是如何与那些所谓的"专业帮助"打交道的。事实上他们非但没有提供什么有效的帮助，有时甚至是有害的"帮助"。

有一些专家确实做了很好的工作，比如帮助我儿子学习讲话的语言治疗师。但是，有好些专家，不仅不能起到任何帮助，还起到了反作用，甚至阻碍了孩子的发展。孩子的行为、父母的担心，以及来自亲戚、老师、医生等人的影响，这些构成了我们从上述数据中看到的模式。

接下来的两章会去探讨这些家庭的亲身经历。第四章会尝试解释这些孩子比一般孩子聪明但是晚说话的可能原因。在第五章，我们会试着描述一下评价的过程到底应是怎样的。第六章会讨论一些综合性的"早期干预"的办法。在第七章，我们会讨论晚说话的孩子不可避免要面对的问题：我可以做些什么？对于这个问题，并没有确定的答案；但是无论是做得过多还是太少都会带来困难。去了解这些困难是什么，也是非常有意义的。

对于大部分的父母来说，他们更关心的是晚说话在孩子成年之后到底意味着什么，而不是当前孩子晚说话带来的问题。在下一章里，我们会看到一些长大成人的晚说话的孩子，其中包括一些非常著名的人。

在这些故事里，以及那些现在还是晚说话孩子的故事里，一个重复出现的主题就是被加州大学洛杉矶分校的神经精神病学机构的一个教授描述的"三个M"——数学（Mathematics）、音乐（Music）和记忆（Memory）。另一个重复出现的主题就是这些孩子对刺激和挫折出现的强烈反应，被很多父母提及的"世界级的发怒"，这与温纳教授在高智商孩子身上发现的特点相似。

第二章　曾经较晚开口说话的成年人

归根结底，较晚开口说话孩子的家长们关心的问题是这些孩子长大成人后将会怎样？他们会继续像童年期那样羞怯、不善与人交往吗？还是随着他们的口语越加流利而能够在社会交往中应对自如？许多家长担心的甚至是一个更加基本的问题：孩子长大后能够独立地照顾好自己吗？

很多较晚才开口说话的孩子长大后成为了政坛名人和媒体从业者，这些例子足以说明羞怯并非永固不变的。贝尼托·墨索里尼（Benito Mussolini）显然一点都不羞怯，同样的还有脱口秀主持人戈登·利迪和贝利·法伯、经济学者兼新闻人沃尔特·威廉姆斯（Walter Williams）和美国众议院多数派领袖迪克·阿米，上述这些人都是较晚才开口说话的。

曾经较晚开口说话的孩子长大后，即便进入自然科学和工程学这样不需要太多人际交往和社交技巧的领域,也未必是羞怯和退缩的。核物理学家理查德·费曼(Richard Feynman)就曾经很晚才开始说话,他的性格就十分外向。在荣获诺贝尔奖之前,费曼只是一个默默无闻的年轻科学家,在新墨西哥州的洛斯阿拉莫斯参与曼哈顿计划,研制第一代原子弹。那时,功成名就的物理学家波尔注意到,费曼是极少敢于挑战他想法的人之一。波尔跟他的儿子说:"记住坐在后面的那个小家伙叫什么名字了吗?每当我有荒唐的想法时,他是唯一一个不怕我、敢于讲实话的人。下回我们再要讨论问题的时候不要叫那些只会随声附和的人,把他叫上,我要先跟他谈。"

费曼曾经撬坏洛斯阿拉莫斯的锁,甚至从爱德华·特勒的桌子里偷文件出来,以实际行动证明安全系统是有问题的。显然他不是个内向的人。多年后,费曼教授出现在电视荧幕上,人们称赞他"有领袖气质",而据他在加州理工大学的学生所说,他在课堂上也是如此。

此外,还有很多我们并不熟悉的人,他们早年较晚开口说话,但日后从事的工作要求他们有很多的人际交往。就我所知,这其中有一位开设了一家老年人护理中心,他不仅要与患者、员工沟通,还要和合伙人、物资供应商打交道。至于卡马拉塔教授，他不仅要维系与家长、孩子的长期合作关系，还要顾及学生和专业领域的同事。倘若家长们看到卡马拉塔教授在社交中展现出的热情洋溢的样子，定会卸下心头惶恐，不再担心晚说话孩子长大后依然害羞或反社会。

不可否认，确实有一些说话晚的孩子长大后像从前一样害羞、拙于言辞，但这样的情况在如期发展出语言的孩子那里也会发生。要预测一个孩子的个性到成年期会不会发生改变是非常困难的，这不论对说话晚的孩子还是其他人都是一样的。但是，早期的羞怯和社交困难并不说明他们的命运将会这样或那样。至于这些孩子们长大后能否在经济上或其他方面照顾好自己的疑问，有那些拥有类似成长经历的名人和普通人从旁佐证，答案显然是肯定的。

公 众 人 物

在较晚开口说话的人当中最著名的莫过于爱因斯坦了，正因如此，我们才将在研究对象身上发现的一类共同特征命名为"爱因斯坦综合征"。然而，还有一些著名的物理学家也是很晚才会说话的，其中包括被后世誉为"氢弹之父"的爱德华·特勒（Edward Teller），和前文已经提及的诺贝尔奖得主、加州理工大学的物理学家理查德·费曼。这三位人物对于发明原子弹都有卓越贡献。

费曼直到两岁才会说话。据他的传记作家所说，他的母亲曾为之"担心了数月之久"，其后他突然间变得"滔滔不绝"。爱因斯坦说，他是3岁时才开始说话的，但他的一些家人却说那是两岁时的事。不管这种分歧是由于双方的记忆存在差别还是彼此对开口说话的定义不同，他开始说话的时间都是属于比较晚的。爱德华·特勒的传记作家则表示，特勒在3岁的时候"尚且不能说出一个有意义的词"，而不管他的祖父如何"竭尽全力"地教他说话，他总是闭口不言，那样子似乎还挺得意的。于是，他的祖父便对特勒的父母说："我想你们得准备好面对孩子可能是弱智的现实了。"

回到爱因斯坦的例子，即便在他开口说话之后，最初接触他的小学老师们"起初还是担心他是智障儿童"。"他对不感兴趣的事物视若无物，一点也不想学，而一旦有什么东西能引起他的兴趣，他就会像钟表匠一样全身心地投入其中。"当他的父亲忧心忡忡地找到校长，询问应当为儿子未来的职业发展做哪些准备时，校长的答复竟是:"不用操心了,他做什么都不会成功的。"

为了描述那些聪明但说话晚的孩子我们套用了"爱因斯坦综合征"这个名词,但事实上他们的共性还体现在更深的层面上。爱因斯坦的父亲和一个叔叔是工程师,母亲会弹钢琴,爱因斯坦本人则从5岁起终身热爱小提琴。他将音乐形容为"心灵的必需品"。

小爱因斯坦极具选择性的兴趣点以及他在感兴趣的事情上表现出的罕见专注力是我们两组研究中孩子的共同特征。同样的特征还有他们小时候的坏脾气。在众多坏脾气的记录中,有一次,他用凳子砸向他的家庭教师,令其当即离开,再也别回来。孩提时的爱因斯坦每逢生气,动不动就扔东西。还有其他值得一提的事情,有一回,他差点用保龄球砸到他妹妹,另外一次则是他的妹妹因为躲闪不及被爱因斯坦用园艺叉锄的手柄打到头。话说回来,他们兄妹在之后的岁月里倒是亲密无间。爱因斯坦的坏脾气在他7岁的时候戛然而止。

幼年时的爱因斯坦"孤独又好幻想",不太容易交到朋友。他喜欢"独处和做点力气活儿"来打发时光,比如用积木搭出一个复杂的建筑结构或者用卡片建起一座14层高的大楼。在他开口说话之后,他说得磕磕绊绊,并且很不自信。"他会轻声地重复自己说过的句子,

7岁之前都是如此。"到9岁的时候,他的口语表达还不够流利。

也许这世上再不会有第二个爱因斯坦,但论及分析能力和创造力,我们所研究的这些孩子都是相当出众的。在第四章,我们会探讨这类人群及其家庭有哪些其他的共同特点,并尝试解释这些非凡模式可能的原因。

爱因斯坦跟随他那位毕业于斯图加特理工学院的叔叔学习了代数和几何。在同龄人还在学习小数运算的时候,他的叔叔私底下已经带领爱因斯坦进入了微积分的领域。但是在他不感兴趣的学科上,他表现得十分心不在焉,以至于一位老师都要劝他退学了。后来,爱因斯坦找到校长,请他签署一份推荐信,证明自己虽然在历史、地理、语言等学科上尚未达标,但凭其数学方面的能力,是可以直接去大学数学系学习的。不知道校长果真洞悉了爱因斯坦在数学方面的天赋,还是想替老师把这个问题学生赶紧打发走,他写了封推荐信,而爱因斯坦在1小时内就跳上了离家的火车。

爱德华·特勒终于开口说话的时候,他即将4岁了,当时"他一开口说出的并不是单独的字词,而是句子"。这个现象看上去似乎很不寻常,但也常发生在很多晚开口说话的孩子身上,诺贝尔经济学奖得主盖里·贝克尔就是个例证。我大学时的室友（后来成为了数学教授）一开始说话时冒出的也是一串完整的句子，同样的情况还发生在我的计算机老师和我那个原始研究中的双胞胎女孩身上。曾经有一位女士，她已经故去的丈夫是著名的特尔曼高智商小组的成员，这位遗孀在来信中提到他的丈夫在3岁之前"连一个字都没说过"，然而一旦开口，说出的竟然就是一个完整的句子，当时他正在地板上组装东西，嘴里说道："我想我要这么弄"。

以上只是言语发展过程中的一个画面。还有一些晚开口说话的孩子即便会说话了也不能被大多数人理解，尽管他们的一些家人最后会习得某种可以了解他们所言为何的能力。著名的数学家朱莉亚·罗宾逊（Julia Robinson，1919—1985）早年就有过这样的经历。她是美国数学学会历史上第一位女性主席，第一位入选国家科学院的女性数学家、麦克阿瑟天才奖得主。小时候，她的姐姐康斯坦斯就是她的小翻译，据罗宾逊教授回忆：

那时候我说话很慢，发音也很奇怪，除了康斯坦斯之外没有人知道我在说什么。于是，人们每次问了我问题之后，就会看向康斯坦斯，希望她能解释我的回答，久而久之，她就习惯了做我的发言人，现在也是如此。

有时，特殊的事件或情境会迫使孩子开口说话。在我的第一个研究小组中有一位母亲，有一天她和4岁大但不会说话的双胞胎女儿站在十字路口，突然间，双胞胎之一开口说："来吧，我们走！"我的计算机老师的母亲跟我说，她儿子说的第一句话是："校车来了！"全国闻名的脱口秀主持人戈登·利迪在差8天满两岁的时候，一个人在后院玩耍，被低空飞过的飞船吓到。他"惊恐地大喊大叫"，拼命地跑回房子的后门，"歇斯底里地拍门直到有人来开门"，紧接着，"我顿时开口说话了'真的，真是吓死人了！'恰好可以将我那无边的恐惧感表达出来"。和很多较晚开始说话的孩子一样，Liddy也有超高智商，他的智商分数介于137到142之间。

聪慧但是较晚才开始说话的人们，在开口说话的时机和方式上不尽相同，但他们在个性或智力特征上还是有很多相通之处的。比如，爱德华·特勒只对他感兴趣的东西上心，这种行为极具代表性。他的传记作家曾经这样记述："他在兴奋点上可以连着弹几个小时钢琴，但是之后可能一周都不再碰它。"同样典型的一点是，他的发展并不是均衡全面的。试想一个8岁大的孩子，一方面能够凭着兴趣做数学题、和父亲下棋；另一方面当他的女保姆帮他穿衣时，却还要她帮他穿袜子。

此外，值得一提的是特勒"拒绝"说话的现象，它提醒我们注意鉴别"无能"和"不情愿做"的区别。很多评估人员在面对说话晚的孩子时，都忽视了这一点。不仅在说话的问题上，其他用以评估孩子发展状况的任务都是如此。

倘若给小孩一些材料并要求他完成一个简单任务，小孩子不愿做，宁肯用这些材料做些复杂的东西出来，这时一些评估人员可能就会将结果记录为"没有做简单任务的能力"，进而得出关于小孩心理能力的可怕结论。曾经就有一个男孩因为没有回答出自己是男孩还是女孩的问题而被记录为缺乏基本常识。

还有一个小孩，在接受了短短7分钟的访谈后即被判定为"智力迟滞"，因为访谈者让他指出哪个是妈妈，而小孩没有做出回应。很多开口说话较晚的孩子的家长来信提到，有些事情孩子在家已经做过好多遍了，但到关键时刻怎么都不做，好多家长都用"顽固"这个词来概括孩子的这种个性。其中一位母亲形容说，这些孩子不是"被驯服的海豹"。不喜欢的事情他们坚决不做，和爱因斯坦、特勒一样。

朱莉亚·罗宾逊提到她小时候的经历时描述了相仿的情景：

我妈妈在结婚前曾经给幼儿园和一年级的孩子们当过老师，她说我是她见过的最顽固的小孩。也许正是我的这份执着缔造了我在数学方面的成就。话说回来，这是数学家们的共性。

曾经有研究者将极具创造天赋的女性与普通女性对比之后，将前者的共同点记为"叛逆、不妥协的"。加上罗宾逊教授发现数学家们大都有这样的性格特点（其中大部分是男性），似乎可以猜测，高智力水平的人普遍倾向于有此性情，无关性别。正因如此，对那些智能潜力很大的小孩做评估时情况变得复杂了很多，因为他们可能并不会配合评估的工作。

将"无能"和"不情愿按要求做"这两种情况区分开来是需要判断力的，但在那之前更为重要的是，评估人员的头脑里要有鉴别二者的意识。他们得准备好在机械地核对列表之外注意一些别的事。在这个对官司唯恐避之不及的年代，从法律的角度来说，测验者盲目地逐个核对测验条目无疑是最稳妥的做法，即使这样做可能无法使孩子得到最好的评估。一旦出事闹上法庭，相比被广泛认可的标准化测验程序，由个人主观判断得到的结论是更容易受到质疑的。

爱德华·特勒在匈牙利念中学的时候，起初他对数学并不感兴趣，不是因为课程难，而是因为课上教授的东西令他生厌。总的说来，不论说话早晚，聪明的孩子小时候大都有过这样的体验。他还遇到了聪明孩子经常面临的问题，即因为表现得比老师还要聪明，招致后者的憎恨。当时，他的数学老师兼学校校长在教同学们解一道代数题，特勒举起小手：

"特勒，你有什么问题？"他嘲讽地问。爱德华表示自己有个更好的解题方式。"那你上来做，"愤怒的老师如是说。没想到爱德华真的上去了，做出的答案比老师的还要干净利落。接下来，这位老师毫不掩饰地说："这么说你是天才咯，特勒？告诉你，我讨厌天才。"

如今，资质平庸的老师同样不喜欢过分聪明的孩子，而这样的（甚至更差的）老师在公立学校中比比皆是。对于那些聪明但是说话较晚的孩子，在他们会说话之后的很长一段时间里，这样的老师对于他们将会是持续的问题。

还有一位开口说话较晚的知名人士，就是克拉拉·舒曼（Clara Schumann），她是19世纪非常著名的钢琴演奏家。她到4岁时才开口说话。据她本人后来的回忆，这可能和照顾她及兄弟姐妹的那个女佣过于沉默寡言有关。然而，对照卡马拉塔教授和我的研究中的那些说话晚的孩子,她也表现出了很多其他相似的特征,所以似乎不能简单将之归咎于那个女佣。

克拉拉形容自己为"顽固的",并且记忆力超群,她小时候能够默背弹出很多曲子,从这一点就可见一斑。她出自音乐世家。父亲是一位音乐教师,母亲是歌唱家兼钢琴家,外祖父是指挥家,外曾祖父是杰出的吹笛手、作曲家和乐器制作师。8岁时,在钢琴上随便弹一个音,克拉拉就能背对着钢琴准确说出那个琴键的位置。

然而说话对于克拉拉来说就没那么容易了,并且,她和其他说话晚的孩子一样表现得离群索居。

"我到4岁半之前,连一个单独的字都说不出。"克拉拉说,"而且我能听懂的话也少得可怜"。她还说"我对外界的事情提不起兴趣"。尽管随后她的语言能力日益发展起来,并且逐渐开始注意外界的事物,她的状况直到8岁时才被"彻底治愈"。她这种特殊的行为模式导致她曾被误认为患有听力障碍或智力迟钝。

克拉拉5岁时,她的父亲让她开始学习钢琴。8岁时,她参与了家庭式的室内音乐演奏小组。青少年时期,她已在公开音乐会上演奏,18岁便成为了维也纳的名人。在她尚未冠以罗伯特·舒曼的夫姓之前,克拉拉·维克就受到了观众的热烈追捧:

第二章 曾经较晚开口说话的成年人

1837年12月，克拉拉·维克在她父亲弗里德里希的陪同下从家乡莱比锡抵达奥地利首都。从在维也纳金色大厅举办的第一场音乐会开始，到4月份专为伯格君主演奏的最后一场音乐会，其间她受到了维也纳人民的热情拥戴，和帕格尼尼、塔尔贝格不相上下。乐迷们疯狂抢购音乐会的门票，都想挤进那已经爆满的音乐厅，乐评人也争相发表好评。在第四场音乐会上，热烈的掌声促使她返场13次之多。贵族王公纷纷邀请她去宫殿演奏，馈赠她很多奇珍异宝。皇后本人为了表示自己的欣赏之情赠予她50枚金币。回顾克拉拉的这次际遇，维也纳的评论家兼音乐史专家爱德华·汉斯里克（Eduard Hanslick）是这样形容的，她"就是一个神童——'虽然还是孩子，但已展现奇迹'。"

20世纪蜚声国际的一名钢琴家阿图尔·鲁宾斯坦也很晚才开口说话。他1877年出生于波兰，比克拉拉·舒曼更早就开始学习弹钢琴。起初家里的那架钢琴是为鲁宾斯坦的姐姐们买的，但哥哥姐姐们上学去的时间，它就归鲁宾斯坦用了。

这是一架竖立式的钢琴，买来的时候鲁宾斯坦才两岁半，这是父母给婕琪和海拉准备的，他们指望女儿们能像一般的中产阶级女孩一样，学着"弹上两手"。然而它却很快并且最终成为决定小儿子一生命运的物件，这个说话晚的孩子靠哼唱一些不连续的音节和无意义的音调来表情达意。

诚如鲁宾斯坦在自传中提到的那样，在他还是个小孩的时候，"没什么能引导他说出一个完整的单词，他总是乐意用唱的——以我的声音模仿——任何听到的声音，为家中营造了感动的气氛……好像他变成了家里的鹦鹉人。"

这个小不点儿在他蹒跚学步的时候就对钢琴着了迷。不管什么时候要他离开放置钢琴的画室，他都要大哭大闹。他正式开始弹钢琴是在3岁的时候。其后的某一天父亲拿来了一把小提琴让他拉，岂料小阿图尔把它摔得粉碎，这个冲动的反应换来了一顿揍。相信像这样固执的反应对于很多聪明但说话晚的孩子的家长来说再熟悉不过了。

距离鲁宾斯坦4岁生日还有一个月的时候，他的叔叔写信给一位著名的音乐家兼音乐教授，询问他是否愿意教他学钢琴。教授只答应来听他弹一下，看他的天赋如何再做决定。在听了这个4岁小孩的弹奏，并且用各种任务考察了他的能力之后，教授一把将他抱在怀里亲吻，还给他了一大块巧克力吃。在诸多测试中，有一项任务是要鲁宾斯坦在听完教授弹出的和弦后，说出这组"诡异的和弦"中包括了哪些音符。

记忆能力超强是聪明但是说话较晚的孩子们另一个共有的特点，鲁宾斯坦也不例外。在听完了格里格的《培尔·特》第一组曲后，鲁宾斯坦回家竟然"近乎完整地将它演奏了出来，使全家人震惊不已"。而发生此事的时候，他还不到5岁，也没有开始跟随专业的音乐家进行正规的学习。7岁时，他开了生平第一场公开的演奏会。这可算做他职业生涯的起点，其后的80余年岁月中，音乐事业为他赢得了无数拥护和好评。

在他1982年去世的时候，《纽约时报》称他为"20世纪最杰出的钢琴家之一"，"他征服了全世界"。鲁宾斯坦是个性格外向的人，这一点在他的音乐和社交方面明显地体现了出来。有一次，他和拉小提琴的爱因斯坦合作演奏，发生了这样一件趣事：

我们的物理学家忘记了乐章开头的一小节空拍，于是整整慢了四拍。他们只好从头来过，而这回爱因斯坦又一次忘记了空拍。于是，鲁宾斯坦转向他的搭档，咬牙切齿又不无嘲讽地吼道："教授，看在老天的份上，你就不能数上4拍吗？"

默默无闻的人

约翰·索厄尔

这个人的故事对我来说再熟悉不过了,起初正是他让我对晚开口说话的儿童产生了兴趣,他就是我的儿子约翰。尽管数年后,我发现他和其他的晚开口说话的儿童有很多相似之处,但在当时,对于约翰这样的情况我还从未听闻。

在约翰表现出说话晚的特征之前,他早早地就显露出了聪明的迹象,我们在厨房门口和楼梯间门口的折叠栅栏上挂上了童锁,然而他在不到1岁、还不会走路的时候就能够解开它们了。

自从约翰能够解开厨房门口的童锁后,他就能够在没有父母在场的情况下自如地出入厨房了,这给小家伙带来了很多安全隐患。我不得不换一个更加复杂的童锁在厨房门口的栅栏上。装上新锁之后,约翰坐着他的宝宝学步车凑过去开始琢磨。他没有碰那把锁,只是认真地凝视着。过了一会,他伸出手去,一下子就把锁打开了!

他解锁的技术令他遭遇了一次危险的事故,所幸最后没有大碍。那时约翰解开了我们放置在楼梯口前面栅栏上的安全锁,连着宝宝学步车一起沿着长长的楼梯滚了下去,痛得哇哇大哭,害怕得不得了;不过,幸好没有造成重伤。

约翰能够走路之后,喜欢拿通向小阳台的门做实验。在明媚温暖的日子里,当门微微开启的时候,阳光会将门上镶嵌的玻璃窗格反射到起居室的墙上,投下格子形状。约翰会仔细观察墙上的图案,然后跑到门这边做比较,继而略微改变门的角度,再跑回去查看墙上的投影有什么改变。接下来,他再一次改变门的角度,跑回去看墙上投影的变化。

在约翰多次重复这个动作之后,我拿起相机,将他一脸陶醉地看着墙上图案的样子拍摄了下来。所有的这些事情都令人心头振奋,但是他在过了一岁生日后仍未开口说话,同样地两周岁生日过去,他始终没有说一个字。当他快到 3 岁的时候,能够蹦一些简单的字出来,但那显然不算说话,而其他与我们在同一个公寓社区在他这个年龄或者更小一些的孩子已经会说话了。

除了不会说话之外,约翰看上去和别的小孩没有什么区别。他很快乐、喜欢玩耍、很淘气。不会说话似乎并不令他困扰,当他想要东西的时候,只要指一下就可以了。如果想要吃东西或者喝东西,他就拍拍冰箱,当冰箱门开了之后，他会指出什么是他要的。

各种事情不时发生，提醒我们他不仅特别聪明，而且拥有超凡的记忆力。在约翰快到3岁的一天，电视上在播放总统演讲，演讲开始前屏幕上打出了大大的总统印章。他看到后立即起身去他的房间拿出祖母给他的半美元硬币，将硬币背面的总统印章图案和电视屏幕上的图案作对比。

还有一次，我在打一个比较长时间的电话，他趁这个机会玩起了我的国际象棋，平时我可从来不允许他动我的象棋。当我打完电话出来，看见棋子散落一地，顿时火冒三丈，命令他把棋子重新摆回去。他竟然将32颗棋子完完全全地归入了原位。

在那段寂静到令人沮丧的漫长日子里，偶尔还有一些这样激动人心的事情发生，使我们得以拥有希望。

尽管约翰开始说一些简单的字了，但他还是不能说词组或句子。不仅如此，我们也不清楚他是否了解自己说出的字是什么含义。比如，当他看见某些形态的水（池塘或湖泊），他会说"Wah-ee"（water/水），但看见玻璃杯里的水或者水龙头里流出的水时却不说这个字。

有一天晚上，我带着他去办公室取信件，约翰指着大厅里的喷泉表示自己想要喝水。我想这是个教他认识

"水"的好时机。

"Wah-ee。"我指着喷泉里流出的水对他说。

然而他只是因为我没有给他水喝而表现得不耐烦且沮丧。

"Wah-ee。"我再次重复到。他开始感到烦躁,并且哭了起来。

我赶紧把他抱起来,让他喝水。他倒是不哭了,轮到我哭了。

我们带约翰去见了医学和其他方面的专业人士,检查了各种可能的异常情况,然而没有人能解释清楚他的问题出在哪里,也没有任何建设性的建议。此外,我试图教他说话的努力也没有取得任何成效。他似乎根本不清楚我在做什么,没有一点兴趣。尽管如此,约翰曾经的卓越表现还是让我不愿将他归结为智力迟滞,就连他的妈妈也说我就是个不愿面对现实的"老顽固"。

一个有帮助的建议最初来自一个完全意料之外的途径。那时我是经济学的助理教授,一边在美国康奈尔大学任教,一边要完成芝加哥大学博士学位的考核。其中,我需要通过法语和德语的考试。本来我需要飞到芝加哥去参加考试,恰逢一位芝加哥大学的经济学教授、著名的经济史学家汉密尔顿是位于宾汉姆顿的纽约州立大学的客座教授,我只要开车去宾汉姆顿就可以了,那离得不远。汉密尔顿教授同意在那里对我进行考核。

通过了法语考试之后,汉密尔顿教授开始和我攀谈起来,问及我的近况。我告诉他,一切都挺好,只是我有个3岁大的儿子还不会说话。于是这位友善的绅士问了我很多关于约翰的问题,比如,我是否曾经带他去看过医生?他看起来是否机灵?在对我的回答思考片刻之后,他温和地说:

"索厄尔先生,不要试图教你的儿子说话了——至少现在不是时候,你只要给他足够多的关心和爱就好。尽可能把他带在身边。让他知道,在你的眼中他是这世上最好的小孩。当他感受到信心和安全的时候,他自然会开口说话。"

抱着孤注一掷的决心,我听从了汉密尔顿教授的建议。我没有再试图让儿子说话,取而代之的是在接下去的几个月里尽可能地增加和他在一起的时间。可以看出,他变得开心了很多,也更自信了。

他看上去心情特别好,我打开录音机,请约翰说"水"。

"Wah-ee!"他大声喊出来。当我倒带回去让他听录音的时候,他显得很高兴。

"石头。"我说。

"石头！"他大声喊道。我同样倒带给他听，听到自己的声音时他看上去很开心。

渐渐地，他的词汇量扩大了起来。一天，在他看着水溢出澡盆的时候，我说"水流出来了"。他也跟着说这句话，这是他第一次说话超过一个字。这时，他只差3个月就4岁了。

不久前伊萨卡学院（Ithaca College）举办了一个语言治疗项目，约翰已经预约了一段时间。在他能说话之后，终于排到他了。他的治疗师是个非常可爱迷人的年轻女士，毫无疑问这对约翰保持专注很有帮助。我和妻子透过单向玻璃能够看到，她和约翰合作得很棒。他的语言发展突飞猛进。

和很多说话晚的孩子一样，约翰在很小的时候就对音乐着迷了。他最喜欢的圣诞礼物是一把玩具木琴，他用它学会了弹奏许多不同的音调。有一次我们开着车横跨美国进行长途旅行，中途在朋友家过夜，次日早晨我在钢琴弹奏的儿歌中醒来。那是约翰。他已经明白钢琴琴键的顺序和他那把木琴的琴键顺序是一样的，于是就在钢琴上弹起了他最喜欢的曲子。我和他妈妈都不懂音乐，所以这些都是他自己的小发明。不仅如此，他在那时还不会识谱,为了在钢琴上弹奏,他只能通过记住音符在木琴上的顺序,然后对应着其在钢琴上的位置弹过去。

之后,我被布兰代斯大学(Brandeis University)聘为副教授。于是我们准备迁往马萨诸塞州,很多友邻过来道别。意外的是,一位并不熟识的女士也带礼物过来了。她是一个智障孩子的母亲,从我们同一幢公寓楼的人那里听说了约翰。

"您的孩子和我的孩子一样,我很理解您的心情,"她说,"所以我把我儿子喜欢的玩具带来了,希望您的孩子也会喜欢。"

除了感谢她的好心之外,我不知道还能做些什么——我打内心里高兴她是错的。

随着约翰一天天长大,他开始在数学、下棋、电脑方面显露身手。他对音乐的兴趣始终如一。5岁的时候,他开始用自己独特的方式把听到的乐曲即兴记录下来。他的玩具木琴上的每一个按键都对应了一个数字,约翰利用这些数字将音乐转换为可以书写在纸上的形式。通常,他能写满一篇密密麻麻的数字,然后借助它们弹奏出乐曲来。

在斯蒂芬·卡马拉塔和我两人以晚说话孩子为对象

第二章 曾经较晚开口说话的成年人

进行的两组研究中发现了一些社会化方面的特征,它们在约翰身上也有所体现。他常常专注于手头的东西或正在思考的问题,对周遭的人和事置若罔闻。从过去到现在,他都是那么固执。他的家庭背景也非常符合我们在两组研究对象身上发现的特点。我的兄弟是个工程师,我的爸爸会弹钢琴。约翰的堂兄弟姊妹中有两位工程师、一位高中数学教师、一位普林斯顿大学数理经济学的教授,还有一个女孩经霍普金斯大学的一个研究项目鉴定为早慧儿童。后面提到的这两个孩子说话都很晚。

约翰十几岁的时候,在美国国际象棋联合会上的排名已经超过了我。他在高中就修了微积分的课程,并且拿到了 A。同一时期,他有两个夏天在斯坦福大学计算机中心做程序员。虽然那时我就在斯坦福大学胡佛研究所工作,但他完全是靠自己找到那份工作的;况且,事实上我连计算机中心在哪里都不知道,对电脑更是知之甚少。

和其他很多说话晚的孩子一样,尽管约翰在数学和某些他感兴趣的学科上表现得非常出色,但他常常对学业感到厌烦。他从第一所大学肄业后,陆续换了几份工作,然后又辗转念了几所大学。最终,他取得了统计学的学位,并且具备了从事程序员工作所要求的计算机水平。作为业余爱好,他开发了自己的电脑游戏。

理查德

理查德于1928年出生在巴尔的摩,他3岁时才开始说话,说的第一个词是"忧愁"。他的母亲时常给他念一些单词,指望他能重复出来,"忧愁"可能就是他后来基于某些原因决定重复的那个。和许多聪明的孩子一样,小理查德也不喜欢学校,总是调皮捣蛋,惹是生非。现在回顾童年时代,他说"我以前是个坏小孩"。然而,他酷爱阅读,总是把图书馆的书带到学校去,该做正事的时候也在读。直到遇到几何和解析几何,他才开始有了学习的劲头。他这几门课程的成绩在班上名列前茅。然而高中对他来说真是不胜其扰,于是,他说服母亲让他辍学去海军服役。

退役后,理查德重返高中校园,仅用一年的时间就修完了两年的课程,并且门门功课优秀。因为依据士兵福利法案可以申请大学教育补助金,他便进入大学念书——但被两所大学劝退,"过分挑剔"的兴趣再次成为学业道路上的绊脚石。他的数学教授试图让理查德成为一名精算师,但其他人却认为他应该离开。

之后,理查德进入纽约的一家报社工作。那时他对一位女孩一见钟情，希望和她共度余生，所幸，那位女孩坚持以他念完大学为前提条件。于是，他进入哥伦比亚大学的成人夜校读书，在那里他学到的第一门课程是经济学，这门课程点燃了他的学习热情。之后，他调到夜班工作，同时进入哥伦比亚大学接受全日制教学，主修经济学，并且自那以后再没有考过低于 A 的成绩。

后来，理查德申请到一份奖学金进入耶鲁大学经济研究所学习，1957 年凭借一篇计量经济学研究的博士论文取得了博士学位。他先后成为罗切斯特大学的经济学教授和芝加哥大学商学院的院长。在整个职业生涯中，他还曾在华盛顿大学圣路易斯校区担任院长一职，1990 年，担任罗切斯特理工大学商学院的院长。他以数学经济和经济计量学为主的科研成果总是刊登在顶级学术期刊上。

一位名叫莱丝莉的女孩

尽管《晚开口说话的孩子》是首次对一组晚开口说话但聪明的孩子所做的研究，但早在 1974 年出版的名为《一个聪明但言语发展缓慢的儿童》的书里就已经讲述了有关这样孩子的一个故事。她名叫莱丝莉，是白人和美洲印第安人的混血女孩，智商高达 139 分，但是在她两岁的时候"只能说非常有限的字词"。在莱丝莉身上可以看到很多说话晚但聪明的孩子共有的模式。

她拥有"惊人的记忆力",从两岁开口说话时就瞬间学会了阅读。3岁之前,她已经能够算数,还能画一张有眼睛、鼻子、嘴巴和头发的人像。到了3岁的时候,莱丝莉又有了"长时间专注于某个活动"的能力,比如,花一个小时甚至更长的时间坐在她的桌子旁边用橡皮泥捏东西。据说她能"轻而易举地摆好拼图",这些表现都与卡马拉塔教授和我的研究对象一样。她的言语发展不仅缓慢,而且和一般小孩不一样的是她很少像别的婴儿一样牙牙学语。当她终于开始出声之后,她曾"因为家人无法理解她的意思而备感挫败"。

在初次尝试之后,只要有可能,她就会拉着身边的人,告诉他自己在说什么。很多时候,她怎么都没法表达清楚自己的意思,于是就大哭大叫。

不只在1岁之前,甚至持续到3岁的时候,莱丝莉会"模仿不少非语言的声音,比如从高空飞过的飞机声、狗叫声、鸟儿的鸣叫、汽笛声、嗡嗡飞过的苍蝇、汽车发动的轰鸣和其他各式各样的声音"。当她朝着某个人模仿了某种声音之后,她会一直地看着对方,等待对方给她回应,证实已经理解了她要传达的意思。收到肯定的答复之后，她又继续模仿刚才的声音。这种看上去有些怪异的表现，和几十年前的阿图尔·鲁宾斯坦的小时候一模一样。

和很多聪明但说话晚的孩子一样，莱丝莉也非常喜爱音乐。3岁时"就能够准确唱出一首曲子，并且享受音乐的乐趣"。4岁零8个月大的时候，莱丝莉问妈妈能不能让她学弹钢琴，于是她的母亲为她安排了钢琴课程，但是课程的时间并不严格固定，只在莱丝莉想要学习的时候才上课。这不是妈妈的主意，是莱丝莉自己的想法。另外，她对音乐的爱好并非遗传自她的母亲，因为莱丝莉是被收养的孩子。

按照自己的意愿行事的模式在莱丝莉身上也有所体现，这使她在进入托儿所的头几个月遇到了不少麻烦，她的老师"非常一板一眼"。

在那，每个孩子都得乖乖坐好，在特定的时间以指定的方式做规定的事，不能乱讲话。美术手工课是提前规划好的，孩子来完成即可。有些孩子在这样严格的监管和不断指导下适应得很好，但莱丝莉却很叛逆，她经常像个婴儿或小动物一样跪在地上爬来爬去，不时发出不妥的噪声。她用来反抗的方式就是让自己成为课堂上的局外人。于是母亲将她带离了那里，给她换了一个比较宽松的环境,她在那里过得很好。

莱丝莉最开始说话的时候只是轻声低语,和我儿子一样。在她还不能确定该如何表达的时候,她始终低声说着——爱因斯坦早年也是这样。

有充分证据表明,莱丝莉已经在理解语言了。例如,就在她屡屡陷入不知如何遣词表达的窘境并且过分依赖多义单字的同时,她在皮博迪图片词汇测验上的得分表明,她能看懂或听懂的词汇量已经超过了同年龄99%的孩子。

莱丝莉与其他聪明但说话晚的孩子还有一个共同点,就是"不按要求做事"。就在她刚刚对着玩偶说过话之后,研究人员建议她可以对玩偶说什么,但她对于研究人员的建议根本置之不理。

不管研究人员提出什么建议,莱丝莉要么一本正经地盯着对方,然后还照老样子和她的玩偶说话,要么就干脆将对方完全忽略。

像莱丝莉这样"不回应语言指令"的情况是她的通常特性。她几乎从来不会"依照别人的意思去做某事"。比如,虽然她自两岁起就能够阅读,平时在托儿所也经常看书,但当要她在研究人员面前阅读时,她一点都不配合。

倘若这种情景发生在其他说话较晚的孩子身上，而评估人员仅仅是机械地核对检查表上的条目，很可能草率地将孩子记录为没有能力完成任务——进而得出一个可怕的结论，给孩子贴上的这个标签可能贻误他数年之久。

莱丝莉现在已经长大了。她从一所非常著名的女子大学毕业，后来继续在加利福尼亚大学和宾夕法尼亚大学攻读硕士学位。

一个名叫里基的男孩

1993年9月，我们正在组建针对说话晚的孩子的研究小组，那时我刚刚结识里基，他已经是个青少年，对他来说开口说话已经是好多年前的事了。

当时，里基的母亲找我咨询儿子该念哪所大学的问题。在电话中，她无意间提到她的儿子开始说话比较晚的事，于是我就赶紧诚邀她加入我们的研究小组——做这件事并不是为了她，而是为了很多有同样经历的父母，如果他们能和有同样成长问题但后来发展顺利的孩子家长聊聊，也许会得到很大的宽慰。基于这样的考虑，她答应加入小组。

里基出生于1979年，他和我们研究小组中的孩子有很多共同点。他的父亲和姑姑都会弹奏乐器。小时候他很擅长拼拼图，记忆力也"出奇的好"，他的如厕学习同样开始得较晚。然而，和我们研究小组中的孩子不同的地方在于，里基的社交能力超出了一般的水平。由于里基的年纪在研究小组中算偏大的，他的母亲记不清他是什么时候开始说第一个词或句子的，但是她说：

7岁之前，里基的语言发展缓慢的特点非常典型，但现在看来他也没有差到哪里。他理智、庄重。他非常机智、幽默，但在关键时刻才会显露出来。

和很多同类的孩子一样，里基在分析方面的能力尤其卓越。16岁时，他在PSAT上的数学成绩比语言成绩高出了100分，分别得了770分和670分。

我们在1999年做了一次跟踪调查，那时里基已经是中西部一所名校的大三学生，他是校运动队的成员，绩点高达3.9。他的两个兄弟在另外两所高校念书，其中的一个主修音乐。

斯蒂芬·卡马拉塔

诚如前文提到的，范德尔比特大学的语言病理学教授斯蒂芬·卡马拉塔本人曾经也是个很晚才开始说话的孩子。尽管3岁半的时候还不会说话，他却从来没有接受过语言治疗。在他那个年代,人们还没有"早期干预"的意识。和其他开口说话较晚的人一样,他对自己早年的情况没有印象,全是后来听母亲说的:

> 我对自己如何学会说话,以及对自己和别的孩子相比发展水平如何都没有印象。唯一记得的一次是在幼儿园,我和小朋友们说到年龄的问题,我说我5岁了,但另外一个小男孩说"你才不是呢,你只有4岁"。我猜大概是我那不成熟的语言让他产生了误会吧。

相比听的方式,年幼的斯蒂芬·卡马拉塔用阅读的方式学习事物更加快速有效。低年级时的教学方式以口语为主,这让他遇到了不少困难,升入初中后,随着教学方式逐渐变成书面形式,他的情况开始好转。说到早年在学校的经历,卡马拉塔说:

> 从一年级到三年级,我都认为要想取得好成绩,就得乖乖地在位子上坐好(这事我可不擅长),和你有多聪明没什么关系。进入高年级之后,学习的重点就在阅读和数学上了。如果一个较晚才开始说话的孩子擅长这些科目,那么他驾驭起来就会比较得心应手,因为这些东西在很大程度上只需要自我理解。

幸运的是,后来的学习生活发生了一些改变。

> 我记得在我上八年级的时候,我和历史老师达成了

一项协议。他把全年的功课发给我。我坐在教室的最后一排（全班大概有45~50个学生），在感恩节到来之前完成所有的作业（一些基于材料的练习册和小测验）。完成后，只要我保持适当的安静，就可以做任何我想做的事了。大多数时候，我会看历史书和传记。那感觉太妙了！春季来临的时候，我得了腮腺炎和肺炎，整整两个月没有去上学，只是在家自学，所以那段时间也非常棒……低年级的课业涉及的范围较为局限，要求孩子们紧紧跟上老师的速度（和话语），那完全就是要求顺从……坦白地说，我常常把老师的长篇大论"隔离掉"，自己完成作业（这比听老师讲要容易些）。从某种意义上说，能够自由地按照我自己的方式学习无形中也改善了我的学业表现（我过去是，现在也是一个充满好奇心的人，喜欢学习新东西）。

我从来没有接受过口语或语言治疗。在当时的那个年代（20世纪60年代），口语治疗师只关注发音、口吃和声音的问题，没有人会像今时今日这般密切关注孩子的说话技巧问题。因此，我从来没有被送去评估过，很明显，我的发音没有问题，也不结巴。当年的学校设置和现在也不相同；每个人要学的都是那些基本的知识。唯一的特殊教育针对的是有极严重问题的儿童（印象中邻家的一个孩子患有唐氏综合征,他念的就是另外一所学校)。所以除了那些极特殊的孩子,其他人都在相同的大教室里学习——有40个或者更多的孩子——老师们要教会每一个孩子阅读、写作和算术。倘若哪个学生学习跟不上或者出了其他状况,他们可能在课后会被留下来,但还是得学习。如今,专家给很多孩子贴上了标签,这样会自然而然地降低他人对他们的期待。我曾访问过一所学校,其中10%的孩子曾来到办公室接受过多动症的药物治疗。或许,采用药物能够更加便捷地解决孩子的行为问题吧。不管怎么说,时下的这些标签在我们那个年代是没有的,所以我也就从没被正式地"核验"过。

和其他晚开口说话的人类似,卡马拉塔教授和数学、音乐都有着密切的关系。他为研究生教授统计分析课程,而从他的祖父开始向前追溯好几个世代,他的祖辈们都是以音乐为生的。

其他晚开口说话的人

一个来自宾夕法尼亚州的母亲向我说起她儿子的故事,如今他的儿子已经四十多岁了:

我儿子在两岁半的时候唯一能说的词就是我的名字

艾米。他的妹妹比他小14个月,在15个月大的时候就开口说话了。渐渐地,他开始跟妹妹说点什么,言语发展起来。我那位当医生的父亲坚持要我矫正儿子的说话问题,我告诉他我本来想要带儿子去看专家的,但我听说矫正孩子的行为会让他感到紧张。后来我父亲安排我带儿子去看了专科门诊,专家检查后建议我顺其自然,他的语言能力会慢慢发展出来的。我的父亲大概认定了这是个"慢吞吞"的孩子。上幼儿园的时候,儿子喜欢用小肚皮贴着桌子滑过来滑过去。在他上一年级的时候,我们举家从乡下搬迁到一个非常好的学区。一天他放学回来告诉我,他进入了最好的阅读小组,这叫我难以置信,赶紧向老师求证。当时儿子参加的一个团体智商测验表明他的智力水平相当平常。

到他12岁的时候,一位老师跟我说,他当时就应当去大学读书了。于是,我带他去专门的指导中心检查,发现那时他的智商位于前1%的水平,未来会提高到什么程度尚未可知。时间证明,当时那个指导中心的诊断是正确的。我还要补充一点的是,我的丈夫是一位具有博士学位的工程师,我的儿子已经在宾夕法尼亚大学取得了博士学位,目前是一位电脑工程师。

杰瑞也是一个较晚开口说话且上学时智力被低估的

例子。他在念高中的时候,爸爸想让他进入为有学习天赋的孩子开设的学习班,希望以此消解他的厌学情绪。然而杰瑞的老师仅凭他平时成绩平平就认定其父的建议是荒唐可笑的。后来杰瑞接受了智商测验,他的分数表明他完全有资格就读特长班,这让老师大跌眼镜。进入特长班之后,杰瑞发现并没有什么挑战性的任务,仅仅是学习量大了一些,好让这些聪明的孩子忙起来而已。于是他给学区总管写信表达了对现状的不满,后来他被警告不准再做这样的事。

灰心丧气的杰瑞求助于父母,说服他们同意他在初中三年级时辍学,条件是他必须通过中学同等学力考试,提前进入大学学习。随后他进入了社区大学,他终于能够选择一些有挑战性的科目学习,并且表现得如鱼得水。之后他转学到四年制大学修读法律,不仅学业精进,还成为了学生会主席。1999年毕业后他去哈佛大学读研究生。他的目标是成为教育改革方面的法律专业人士。

据谢尔曼的母亲说,他长到4岁半还只会说"Ma"和"Da"。在他3岁半的时候,妈妈在他的成长日记中写道:"能数水泥卡车的数目,但还是不说话。"和很多说话晚的孩子一样,他起初也被当作弱智的孩子。然而长大后,他在各种考试中都名列前茅。以优异的成绩从杜兰大学化学专业毕业后，他又取得了医学学位。如今，他出版了很多作品，载誉良多，研究成果丰厚，从事医疗和军队服务，旅行足迹遍及全球。

一位加利福尼亚的母亲来信说：

我那个二儿子在快到3岁的时候还一个字都不会说。他哼哼唧唧、比比划划地表达意思，其他方面都很正常。儿科医生让我不必担心，本地的语言治疗师也爱莫能助。尽管十分沮丧，我还是坚持不懈地教他读字母表。在一个无比美好的午后，我睡完午觉醒来后，他开口跟随我读字母表了，在那一周里，他一阵风似的哇啦哇啦说话了！那时他都3岁半了。

如今，他已长大成人，是一个物理学博士。

在我的研究小组里，前30个孩子都是男孩儿，女孩只占很小的比例。我在收集那些曾经说话很晚的成人案例时，找到的也都是男性。我从研究小组中的一位母亲那里听到第一个女性个案，她从新罕布什尔州给我寄来了一份剪报，上面写道："她在3岁的时候，还不会说话，甚至连小孩最基本的发音'mama''dada'都说不出。"

"你知道小宝宝怎么咕咕叫吧？"她的母亲说，"她从来没发出过这样的声音。"

第二章　曾经较晚开口说话的成年人

在我听说这个个案的时候，那女孩刚刚高中毕业——在700人中排第13名。她打算去大学学习工程学。她的父亲是一名工程师。

在我原始研究的46位晚说话的对象中，有8个人生于1949到1981年之间。我知道其中3位的学业能力倾向测验的成绩和另外两位的智商分数。前三位的学习能力倾向测验数学得分的百分位数全部高于90%，那两位的智商分数分别为139和180分。（据我说知，在我的研究小组之外，不少说话晚的人学习能力倾向测验数学得分百分位都高于90%）。在我的研究小组中还有一位，虽然没有他的智商分数和学习能力倾向测验成绩，但他已经取得了计算机科学的学历，正在从事动画制作的工作。在我的这些特殊的研究对象中，3岁开口说话已经算早的，最晚的到4岁半才开始说话。

其中有个名叫凯文的人4岁半开始说话，如今他已人到中年。他的母亲回忆说，快到4岁的时候，他"还不太想说话，如果万不得已，就用几个极简单的字或词来表达。"比如说"wah"的意思是要喝水。"需要拿什么的时候，他可以用手指向那个东西，他会用身体姿势和其他各种办法来得到想要的东西"。

和研究小组里其他孩子一样，凯文的如厕训练也是滞后的。他 4 岁时还在用尿布,"而且对于换没换尿布毫不在意"。

经过短短数周的口语治疗,他的词汇量就大幅提升。然而,他依旧是一个任性又孤僻的孩子,打一开始就讨厌上学,这种情况持续了好多年。他的母亲说:"课业对凯文来说太容易了。"他根本不需要用功学习,从第一天上学到毕业那天,他始终厌学,他"每天都掰着手指头数还有多少天可以毕业"。

凯文在家很早就表现出了拆卸和组装东西的能力。这也成为他发泄挫败情绪的一个途径。"每当遇到不如意的事情时,他就把床拆开,从床架、床垫到被单一个不剩,然后再装回原样。"有时候他会把卧室的门从铰链上卸下来,再安回去。这么干的时候,他大概有 8 岁大。长大后,他成了一名建筑承包商。在为百万富翁或上流社会的人装饰家居时,他会是那个"最完美的木匠"。

凯文的妹妹的孩子说话也较晚。他这个外甥 5 岁半的时候还把活动住房(mobile home)说成"mole ho",用"potcays"称呼松饼或热糕点。不过,现在这个男孩已经上初中了,而且还登上了光荣榜。

早年间我就自己儿子的问题在报纸上发表了一个专栏文章,在收到的诸多家长来信中,我了解到的第一个有同样问题的孩子恰好也叫约翰,只不过他比我儿子早出生了十几年。这位密苏里州的约翰在成长的道路上可谓出师不利,他在走路和说话方面发展得都很缓慢,而且他"很能流口水,就像我泼了水到他的衬衫前面似的"。他的妈妈说。

尽管他"一脸聪明相,一看就是个让人喜欢的家伙",也能按照家长的要求行动,但亲朋好友们还是预言说或许有一天他会被"隔离"。

在约翰总算可以说一些单个的字之后,他直到4岁半才真正开始说话。即便这样,学校的老师发现他的话很难懂,还会向母亲质疑这个孩子是否哪里不正常,尤其是他那时还在流口水。

约翰8岁的时候,妈妈为了让他姐姐学琴,买了架旧钢琴回家。和我们研究中的很多孩子一样,他迷上了音乐。约翰想要自己弹琴,但是妈妈嫌他笨手笨脚,不愿意答应他。但约翰没有就此放弃,在他的苦苦坚持下,妈妈允许他试一试。

他的姑姑在钢琴上弹一个调子,约翰坐下来马上就能重弹出来。9岁时,他在教堂为2000名听众弹奏。自那之后,他一直为教堂演奏,直到去空军服役。

退伍回家后,约翰在音乐道路和警察事业之间矛盾挣扎。尽管后来他决定加入警察部门，但业余时间他仍然会做一些私人音乐家教和高中音乐教师的工作。他没有上过大学，但他确实有着万里挑一的超高智商。

发现这么多高智商的人对学校的教育感到厌烦、不具挑战性、痛苦且无聊，着实令人惊讶和沮丧。这种情况在晚开口说话的孩子中屡见不鲜。关于其他聪明孩子的研究也发现了类似的疏离感。对于那些现在已是成年人的人们来说，他们是幸运的，因为在那个年代，人们不会把他们的状态称为"注意力缺陷多动障碍"并施以多动症专用的药物。

第三章　晚开口说话的孩子

那些也曾很晚才地说话的成年人为我们探寻爱因斯坦综合征儿童的未来发展提供了一些线索，然而，针对语迟儿童的研究大多还是以孩子为对象的。他们当中，有的来自于斯蒂芬·卡马拉塔教授1997年创建的研究小组，该小组至今仍有新成员加入，而在我最初的那项研究中，最小的孩子是1992年出生的。尽管本章讲述的都是些孩子们的逸闻趣事，但从这些故事中浮现出来的模式将会像第一章中的统计数据一样，既清晰明了又令人眼前一亮。

在接下来的故事当中，有的孩子并非来自我在胡佛研究所开展的研究项目或者卡马拉塔教授在范德比尔特大学的研究小组。有些孩子的故事曾经在《晚开口说话的孩子》一书中出现过，我们将对其做简要的总结，并跟进其后续发展。另外一些孩子的故事则是首次在这里呈现。

个 案

加拿大的布雷登

一位加拿大的年轻母亲来信讲述了儿子布雷登的故事，这个孩子4岁，"如厕训练滞后、晚开口说话、很早开始阅读、电脑通、记忆力惊人"——简而言之，他是我和卡马拉塔教授在研究小组中的一个非常经典的案例，其家庭背景也符合我们发现的模式。他的祖父是一位化学工程师，父亲取得了财务管理硕士的学历，包括父母在内共有五位近亲会弹奏乐器。

他和专业人士以及半专业人士打交道的经历也是一个很典型的反面案例。他的妈妈最初注意到儿子的问题是在他18个月大的时候，那时儿子在接种疫苗，她在医生办公室里等候时看到了一张图表，上面显示了同期幼儿的语言发展进程——显然布雷登落后了。于是，他被带到耳鼻喉专家那里接受检查，专家发现他的耳朵有点问题，就在耳朵里放置了软管。"他们告诉我装入软管两周后布雷登就可以说话了。"他的妈妈说，"但是他没有。"

他在两岁大的时候接受了口语治疗，但是"这件事只会让我们心烦意乱,并且让布雷登备感挫败"。他还曾经在托儿所呆过一段时间,在那里遇到的一位老师"是一个超级大麻烦"。如今回忆起来,他的妈妈说:"当时我应该相信直觉,带他离开那里的。"不过,事实上她听从了口语治疗师的建议,认为他应该多和同龄的孩子相处,于是"让儿子在不安中煎熬了 8 个月"。托育中心的一个工作人员"总是坚信布雷登是弱智,这也不会那也不会。她为人刻薄无理,常常令我伤心流泪"。和很多长期与孩子接触的从业人员一样,这位托儿所的工作人员也把布雷登不情愿做某事和不会做某事画上了等号。

有一天,她跟我说布雷登不能爬梯子上到桌面,也不会踩到凳子上去(意指他有身体方面的问题)。我告诉她布雷登是能够做这些动作的,只是不愿意做给她看而已。但她还是喋喋不休地诉说自己对布雷登身体方面有问题感到担忧,就好像没听到我刚才说什么一样。

就在说话间,布雷登的妈妈把儿子的一个玩具抢走,放到了刚才说到的桌子上。布雷登立刻爬到桌子上拿回了它。岂料那位工作人员不仅没有因为发现孩子一切正常而高兴,反而因为自己的结论被推翻而恼羞成怒。和我的儿子一样，布雷登在解开"孩童安全锁"方面也很有本事，一天，他打开了托儿所的门，于是其他孩子跑到外面玩了起来。他的妈妈着实为孩子们的安全担心，但同时她也"不禁暗自叫好"，这下布雷登不仅让老师们忙活了一场，还证明了他是多么聪明的小孩。

尽管如此，托育中心的工作人员还是一直怀疑他的能力，甚至当着他的面表达那样的猜测。布雷登的妈妈竭力向他们解释，虽然布雷登不会说话，但他能够理解别人说话的意思，至于"他并不总是按大人要求的去做，那并不是因为听不懂话，而是因为他不愿意做（这时候她还没有采用自主意愿强烈的说法）"。妈妈的这番辩白再一次被忽视，布雷登依然被视为"迟钝的"孩子。

一个布雷登同班孩子的妈妈是华裔，某天她在教室外面拦住了布雷登的妈妈，告诉她在亚洲文化中有一种说法是"贵人语迟"，即晚开口说话的孩子日后会变得非常聪明。"我依稀记得当时我在不断地思考她对布雷登的看法是否是正确的，这是在相当长的一段时间里我听到的少有的正面评价，而这样些许的正面评价正是我需要听到的"。

后来，经不住托育中心的强烈坚持，布雷登的妈妈带他做了各项检查来确定他在哪方面存在发展性问题。

第三章 晚开口说话的孩子

尽管小儿科医生说他除了口语发展延迟了一些,其他方面看上去一切正常,但是托育中心工作人员传递给他妈妈的忧虑还是使她不住地担心。于是,她转而求助于听觉专家:

我们找到了本地的一位听觉专家,但是布雷登不愿配合专家的要求。我解释说,布雷登是一个非常较劲儿的孩子,从来不会仅仅因为别人提了要求就做某件事,他只在自己想做的时候才做。听觉专家觉得这个孩子的行为表现让人感到无力,问我他是不是患有自闭症,建议我带他去看看行为学家。听到这里我气坏了,但我什么都没说,就好像我儿子被人欺负了但我只能袖手旁观一样。我一边开车回家一边落泪,扪心自问自己是不是一直在自欺欺人,也许儿子当真有非常严重的问题。现在,我已经知道那位听觉专家是没有资格下那样的诊断的,不应该盲目相信她的话。况且当时布雷登只有两岁,她奢望布雷登怎样与她合作呢?

后来,布雷登又在我们当地的一家医院接受了评估,那时他还有一个月就满3岁了。"那个大夫审视了布雷登3分钟后,就断言他患有广泛性发展障碍,并介绍我们去一个治疗发展性问题的门诊。那一刻,我像被人在腹部上重重地打了一拳一样。"那个大夫又问她知不知道患上广泛性发展障碍意味着什么,她心想:"天呐,他们都认为我的孩子患有自闭症,我该怎么办?"幸好,在这关键时刻,她的婆婆告诉她有一本名为《晚开口说话的孩子》的书,在离她家较远的一个书店可以买到。

在公共洗手间里嚎啕大哭之后(看到此情此景的女士们大概以为我失业了),我搭乘地铁,又走了大概2公里才到了"家长书店"。路上我哭个不停……在面对生命中的其他难关时,我多少还有些控制感,知道可以做点什么。但是广泛性发展障碍让我束手无策,那是天生的,没有治愈的希望,也没有预防针或者药物可用。这世上最可怕的感觉莫过于意识到将要抚养一个我可能从来不会了解其内心世界的孩子,他不会和你分享他的想法和感受,永远没法和他交流。这就是广泛性发展障碍之于我的意义。想到要含辛茹苦地养大这个孩子,但完全得不到他在情感上的回报,这让我觉得难以承受。

同样,这孩子的某些举动又让他的妈妈不甘心孩子被贴上自闭症的标签。布雷登是个充满爱意的孩子,他喜欢对别人又抱又亲。在他会说的为数不多的几句话里,有一句就是"我爱你"。他总是迫不及待地拥抱那些称呼他为"小情种"的托育中心的工作人员们。想想这些事情,他的妈妈说:"儿子肯定不是广泛性发展障碍,他们一定搞错了。"

她在书店买到了《晚开口说话的孩子》,"我带着这本亮黄色封面的书搭地铁回家,在那长长的路途中,期待它能或多或少地擦掉些医生加在我儿子身上的广泛性发展障碍记号"。她全神贯注地读着同类家长们的经历,时而开怀时而落泪。颇具讽刺意味的是,就在她读到关于我和我儿子如何全情忘我地投入于某件事的段落时,"我好像听到有个女士的声音不断地对我说:'不好意思,'我抬起头,发现车厢里已经没有人了,一位女士站在门口,一脸不高兴的样子,她说'这辆车出故障了,在广播里都通知过了,你得下来等下一班车'。"

数日后,她和那位小儿科医生打了通电话,"我问她是怎么通过短短的几分钟观察就断定我儿子患有广泛性发展障碍的,她当即变得有些难堪,并且解释说她从来没有说过布雷登就是广泛性发展障碍患儿,她只不过是一般的小儿科医师,没有资质出具广泛性发展障碍的诊断,她只能说布雷登表现出了一些广泛性发展障碍的特征。"从此之后,布雷登的妈妈怀疑,医生们是不是仅仅为了逃避可能的法律纠纷就说出最坏的情况。"没有人会因为日后医生收回广泛性发展障碍的诊断而大动肝火,但是倘若孩子确实患有广泛性发展障碍,而过分乐观的医生却没能及时诊断出来，做家长的一定会非常苦恼，尤其像广泛性发展障碍这样的疾病，早期的干预对孩子至关重要"。尽管经历了这些遭遇，布雷登的妈妈还是带着他四处求医。到最后，小家伙得了医院"恐怖症"。后来，他甚至变得害怕去照相馆拍照，因为摄影师和医生一样都有一间等候室，那里刺眼的强光和医生诊室里面的光线很像。

在一次检查中，护士问了布雷登的父母一些问题，然后她"问我们是否知道她问这些问题的用意。我说，似乎她认为布雷登是自闭症孩子，她点头赞同。我丈夫立刻反驳说，布雷登一定不是自闭症，他对人充满爱意，富有同情心，并且就要开始冒话了。他能够阅读，电脑水平令人惊叹。然而，她只是挤出了一丝苦笑，问道'你们没有看过达斯廷·霍夫曼演的《雨人》吗？'"

后来，布雷登的妈妈又去了另外一家诊疗中心，在那她得到了完全不同的评估结果，当中也没有广泛性发展障碍的诊断。"我还是马不停蹄地带孩子去做各种医学检查，似乎不这样做就表示我没有尽到做母亲的责任；但另一方面，我着实不知道自己为什么要让一家人去经受这些波折"。和很多非常聪明但开口说话较晚的孩子的家长们一样，她的内心是矛盾的。"有些时候，我还是会担心布雷登是不是哪里不对劲,但在某些日子里,我一点都不为他忧虑"。

纽约的乔纳森

1994年12月,乔纳森的妈妈第一次写信给我们的研究小组,那时候乔纳森5岁大。他的妈妈说:"在他两岁半的时候,我曾经很努力地教他说话,但是毫无成效。"即便现在他已经5岁大了,还是"很难一次说话超过三个词"。据说他的口语表达只达到了两岁半到3岁孩子的水平。幼儿园的教职员工认为他患有广泛性发展障碍(PDD),给他贴上了高功能自闭儿童的标签。然而,一位耶鲁大学的心理治疗师兼神经学家并不认同这个诊断。尽管如此,他的妈妈还是表示:"非常担心他永远不能变得'正常'或者适应这个世界。"

大概两年之后,我再次收到她的来信。这次她说乔纳森取得了"难以置信的进步"。尽管如此,学校的领导和老师们还是不肯放弃那个广泛性发展障碍的标签。又过了两年,时值1998年12月,她来信说:

> 简直不敢相信他今天的成绩……现在他读三年级,真难想象他在4岁的时候还不会开口说话呢……如今,他会下棋,是一位数学小神童,有一群要好的伙伴……

我把所有关于自闭症和广泛性发展障碍的材料都扔掉了。

到1999年7月接受我们的追踪调查时,乔纳森的妈妈说,截至该学年结束时,他在"语言理解方面有了飞跃式的进展"。他已经是"社交高手"和"绝顶聪明的学生"。尽管他的口语发音"听起来还是有些怪异",听觉方面也有点问题,但是他会"谈论一些非常复杂的事,以及一些有关社交的事情"。

和我们的研究小组中的很多孩子一样,乔纳森也表现出了音乐才华。他是学校管弦乐团的大提琴手,和许多同类的孩子们一样,他的兄弟姊妹中也有不少人天赋异禀。他同父异母的哥哥取得了美术硕士学位,并且上学期间靠做电脑方面的兼职工作自给自足。他的姐姐在七年级时参加SAT考试,得分超过了1100分,比大学生的平均分还高,她因此荣获了纽约州奖。她是以约翰·霍普金斯大学专为智力早熟儿童所设课程的学员身份参加考试的。此外,她还曾在小提琴比赛中取得奖项。

回顾过去,乔纳森的妈妈说她对儿子晚开口说话的问题"忧虑过度了","当人们告诉我他可能得了广泛性发展障碍的时候,我感到非常痛苦,担心他不能过上正常人的生活"。然而他爸爸的观点却"大大不同",即便在早年最为艰难的时候,他也是"很乐观的"。

加州的比利

比利到两岁半还没有开口说话的时候,他的父母带他去做了各种专业评估,这些专业人士中有小儿科医师、听觉专家、口语治疗师和发展心理学家。和接触过比利的亲友们一样,这些专家们也各执一词。在众多观点中,最让比利父母感到震惊的是心理学家给出的"广泛性发展障碍"的诊断——自闭症谱系中的一种。但是口语治疗师并不认同这种观点。比利的父母从自闭症研究中心拿到了一份问卷,测试结果也表明他没有自闭倾向。

就像很多被贴上"广泛性发展障碍"标签的孩子们一样,比利在很多领域的发展和常人无异,甚至比一般水平更好,所以他不可能是广泛性发展障碍儿童。他6个月大的时候学会爬行,再过一周就能站着了,不到11个月大的时候学会了走路。他在一岁半时会骑三轮脚踏车,两岁半的时候就会用录影机和电脑了,并且能做给4岁孩子设计的拼图,唯一没能做到的就是开口说话而已。

和很多聪明但是较晚开口说话的孩子们一样,比利也不愿意听命行事,这使得评估和教导他的工作变得困难重重。他的父母忧心忡忡,同时,身陷各种矛盾冲突的意见中令其感到无所适从。比利的幼儿园老师同样为他感到忧虑,因为比利从不开口说话,而且似乎也听不懂他说什么。不仅如此,比利因为没法让别人理解自己的想法,在相当长的时间里也备受挫折。不过,他依然是个充满爱意的小孩,喜欢跟人拥抱,单就这一点就和自闭症儿童不同。

比利的口语发展是非常偶然的,1岁之前,他只能发出"mama"和"dada"这样的声音,但这些不过是声音而已,并不是能够表情达意的字词。他说的第一句有意义的话是"不要,妈妈"——当时他15个月大,他的妈妈正打算拿走那台吸引他目光的吸尘器。然而这句话一闪即逝,间隔一年半之后他才说了另外一句同样长度的话。比利到3岁的时候才会说一些短句子,比如"我想要……"到4岁的时候才能和人对话,还是在父母使出浑身解数引导他的情况下。

然而还不到4岁的时候,比利就能在完全不需要别人帮手的情况下分清楚电脑游戏文件是保存在Windows系统还是DOS系统下面。和研究小组中的孩子们一样,用他妈妈的话说,他的记忆力"令人震惊"。截至此时,这对父母还在为比利收到的各种不同的评估结果纠结苦恼。

"因为对于比利的情况众说纷纭。"他的妈妈在信中说,"我们只能相信自己的直觉了。试想这么做有多难,毕竟你不是专业人士,而且那些专家们都认为你在否认现实!"当比利的父母试着去寻求一种别样的观点时,"除非读过小儿科医生的介绍信或者心理医生的报告",否则没人敢说什么。这对父母意识到,照这样下去他们无法取得一个独立的评估,干脆谁的意见都不采纳。然而,最后他们还是遇到了一位治疗师,据他所说比利去过的那些诊所早已因为给孩子"过度诊断"而臭名昭著了。

尽管如此,比利的父母还是没有准备好排除心理治疗师的"自闭症"诊断,依照她的建议让儿子加入了自闭症儿童项目,并且自己也参加了家长互助团体。后来,互助小组中的一位家长把他们拉到一边,说她已经观察比利一段时间了,比利看上去一点也不像他周围的那些自闭症儿童。一位被允许到现场观察比利的幼儿园老师反应更为激动。事实上,她抓狂地喊道:"快带他离开这!他们会毁了他的发展。"

事已至此,比利的妈妈开始对当初妄下结论的"专家们"愤愤不满。比利愈发对治疗和评估充满敌意。值得一提的是,老师们说在没有接受口语治疗的日子里,比利在学校的表现反而更好一些。

在幼儿园的时候,比利特别依恋一个叫做海蒂的小女孩。他们在学校里形影不离,回到家,他开口闭口都是海蒂。不幸的是,海蒂的父母离婚了,她每两个月就要从一个家换到另一个家去。在她离开的那段时间里,比利就自己一个人或者偶尔和别的小朋友玩。海蒂回来后,她会被安排到其他的班级。然而,当比利某天在游戏场看到海蒂后,他会冲她跑过去,然后对其他的小朋友说:"她是我的海蒂。"尽管这一幕在大人们的眼前上演,那些认为他患有自闭症的人们还是不为所动,一个老师用牵强的言语解释说他和海蒂并不是真的在"互动"。

这样的独断主义,在一名小儿科医生宣称比利正在发展出一些奇怪的举止时,达到了最危险的境地。当时,比利开始用一只眼睛看东西——时而是左眼,时而是右眼——以至于后来他再也不同时睁开双眼了。当他的妈妈打电话给儿科医生问是否可以介绍一位眼科医生给比利时,那个小儿科医生信心满满地说比利的怪动作和眼疾没有关系——这让他的妈妈勃然大怒。她告诉那个医生,如果比利没有被人贴上自闭症的标签,他肯定会被推荐去做眼科检查的。

最后,那个小儿科医生终于同意将比利转诊到一位"曾经和比利这样的孩子打过交道"的眼科医生那里。其实,那位医生的诊疗对象是孤独症儿童——他说比利并不像患有孤独症的样子。比利的问题是有视觉重影,如果发现得及时,可以通过戴眼镜矫正过来,但是如果放任不管的话,一只眼睛就有致盲的危险。

不出那位眼科医生的预料,自从眼睛的问题解决了之后,比利在诸多方面的表现都大有改善。他的进步不仅被爸爸妈妈看在眼里,学校的老师也说他进步了不少,而从前他那怪异的个性一向是个大麻烦。比利的电脑水平很棒,每当妈妈或幼儿园老师们在使用 Windows 95 系统遇到麻烦时,他都能帮得上手。亲朋好友们如今对他在社交能力上的进步也赞美有加。

在父母和老师的教导之外,比利还自己摸索出了很多东西。在他 7 岁的时候,他向妈妈解释罗马数字,令其惊诧不已。虽然没有人教过他罗马数字,而且他连怎么念这些数字都不知道,但他曾经在钟表上见过它们,通过每个字符在表盘上的位置就对应出了它们的增减关系。他的妈妈为此瞠目结舌。

1996 年,在我一边写《晚开口说话的孩子》一书一边做小组研究的时候，比利的妈妈表示儿子在持续地进步中，而且开始学习弹钢琴了。和我们研究小组中的孩子们一样，比利对音乐欣然接受。他很喜欢闭着眼睛弹琴耍帅。再后来，他开始举办个人演奏会，那一年他才7岁。8岁那年的一次演奏会之前，他发现了一首新曲子，非常喜欢，希望用它来替换已经编排好的曲目。钢琴老师说他可以这么做，但前提是要在演奏会之前把曲子练熟。当晚他回到家，"像着迷了似的一遍又一遍地弹那首曲子"——直到午夜时分父母催他上床睡觉。从这件事情上我们再次看到其受自我驱动的、聚精会神的行为模式，这在其他聪明但较晚开口说话的孩子们身上也能发现。

比利在学业方面的进展依然是相当参差不齐的——在某些方面胜过他人，在另外一些事情上则落于人后。体育方面也是如此，最初开始打篮球时，在相当长的一段时间里，他完全是个"呆子"，他笨拙地像木头似地站在球场中央。但在他上手以后，他就立即变成了他们队的明星球员。

比利的父母为了给他营造最好的成长环境不惜改变了原来的生活方式。他的妈妈辞掉了工作，为了赚足够的薪水养家，爸爸也在另一个他们可以只靠单份薪水生活的社区找了一份工作。不仅如此，夫妻俩还投入了大量的时间和金钱在各种各样促进口语和一般能力发展的课程上。不知是父母的努力起到了作用，还是其他什么原因，总之比利的进步速度非常可喜，他的老师和家长都目睹了这一切。

有一天，比利获悉他即将有个小妹妹了，想到未来他充满期待。毫无疑问，这意味着父母没办法再像从前一样把大把的时间和精力花在他一个人身上了，但话说回来，也许他已经长大，不需要大人围着他团团转了。

1996年对比利做评估的时候，他的社会化发展还低于平均水平，但到1999年，他的发展水平已经接近平均水平了。"他好像跟年长一些的孩子们更合得来。"他的妈妈说。一些研究表明，这种现象在非常聪明的孩子中是很普遍的。

他的妈妈写信说，比利的"数学能力尤其出众"。他上二年级的时候，老师喜欢给学生做三年级的数学题，他并没有打算让孩子们做出答案来，只是想拿这样的题目来示范如何思考和解决问题。这种时刻，比利很少集中注意听老师的解法，但最后总能自己解出来。据他的妈妈说：

有一次，他的老师得到了错误的答案，比利纠正了他之后，老师发现他的答案是正确的，于是他让比利给全班同学讲这道题的解题思路。比利太爱解题了，老师在他的进步报告单上说他经常索要更多的题目回家去做。

写作是始终让比利感到头疼的事。然而，到1999年3月时，"他的写作能力突飞猛进"。而且，这种改变是"在大家都没有留意的时候"悄然发生的。按老师的话说，这是水到渠成的事。比利升入三年级时，他接受了一个标准化的测验，在那次测验中，他的数学成绩位于前1%的百分等级。

和我们研究小组中的许多孩子们一样，比利也喜欢组装东西，而且很拿手。譬如，他在7岁的时候就独立拼装好了一套为青少年设计的过山车模型。2000年夏天，他的妈妈写信说："妹妹埃米莉出生后，我们买了很多给她用的东西，每当我们要拆开盒子的时候，比利都会在一旁大喊'好耶！！（用户）自行组装！！！'他一看到包装上这样的字眼就特别兴奋，不管那是什么，他都能给我组装好，轻松搞定。"

"过去这几年，他成长了不少。"妈妈说，"有时候，还挺难相信我们曾经为他那么忧心过"。

亚拉巴马州的双胞胎

艾米和劳拉是一对同卵双胞胎,她们生于 1986 年,住在亚拉巴马州的一个小镇上。口语发展迟缓只是她们诸多问题中的一个。她们不和幼儿园里的老师或其他小朋友互动,既任性又好攻击人。和我们的研究对象一样,她们俩也是较晚才开始如厕训练的,而且个性顽固。她们俩的某些举止——踮着脚尖走路、盯着手看、用背撞墙——曾被视作自闭症儿童的特征,不过,她们的小儿神经科医师断定她们没有患上自闭症。而老师和一些亲戚们则认为她们是自闭症。

然而,两个女孩也有过人之处——这和我们研究小组中的男孩们非常相似。她们在两岁半大的时候就能认识 20 以内的数字、背诵字母表,并且认出随意排列的字母。她们使用电脑和摄录机一类的电子产品得心应手。即便在幼儿园里她们俩是最年幼的,老师还是认为她们是"班上最聪明的孩子"。可惜,因为她们举止不当,幼儿园要求父母把她们领走。

在早期最令人关切的两件事上——迟缓的口语发展和疑似自闭症的举止——在这些年当中获得了改善,然而举止不当的问题始终存在,让她们在普通的教室里接受常规教育似乎是一个困难的目标。

双胞胎姐妹俩在说话方面的突破是不期而至的,当时她们和母亲出去逛街,走到街角驻足了片刻。

"来啊,我们走吧。"艾米说。几个月后,劳拉也开始说话了。起初,姐妹俩说的都是简短的词句,随着时间的推移,她们渐渐可以说6到8个字长的句子了。类似的是,她们的如厕习惯也是在父母虚掷了许多努力之后意外取得进展的。疑似自闭症的举止已经明显减少了,在这方面艾米的情况要好一些,劳拉时不时地还会因为一些日常生活事件做出不合时宜并且非常强烈的情绪化反应。

在双胞胎进入正规学校就读后,父母为了让小姐妹得到最恰当的教学设置,不得不与各种官员打起了持久战,因为她们需要一些特殊的课程。虽然校方向来倾向于以日托的方式办学,这对父母还是迫切地劝说学校在孩子们的课程中加入更多学习内容——谈判基本是不成功的。

于是,父母在家教艾米和劳拉一些东西,以此弥补她们在学校所接受的贫瘠的教育的不足。相比在学校的时候,她们在家会做更多具有挑战性的事情。然而,就算把姐妹俩的成果拿给那些教育官员看,他们还是视若无睹。

多年来，这对父母为孩子付出了大量的心血——且不说要与学校的评审官员对抗，把女儿们放在家里教育还意味着他们要承担一定的法律风险。有段时间，女儿们好不容易找到了一所好学校。然而她们每天乘校车往返就要用去三个小时，后来父亲决定开车送她们去学校，情况才有所好转；但这也意味着父亲自己每天来回就要花上3个小时的时间。

1999年我们做跟踪调查的时候，这对双胞胎姐妹已经长成为少女，她们仍然在实行"特殊教育"的班级里念书，而且正在接受药物治疗以控制不当行为。她们被分在不同的班级，按妈妈的话说，劳拉在那个班就是在"混日子"。就在那一时期，她们的父亲因为心脏病去世了。

如今，女孩们的语言能力已经有了"明显的进步"，她们的妈妈说：

她们俩都能正常地用完整句子跟人对话。只是偶尔会用错代词或时态。我通常只是简单地告诉她们某处说错了，然后问她们正确的说法是什么，最后她们自己就可以改过来。

在智力测验方面，1996年测量时，她们的得分处于中等水平，但是 1999 年再次测量时就退步了。这个测验在多大程度上呈现了他们智力程度的真相以及它在多大程度上反映了其他因素的影响（包括父亲去世对她俩的影响），还是未知之数。

此时，姐妹俩的社交能力被评定为"低于平均水平"，但是相比 1996 年妈妈给出的"远远落于人后"的评价，还是有进步的。毋庸置疑，父母为姐妹俩倾注了极大心力，但这两个孩子的发展前景并不明朗。另外，在这个家里还有一个孩子，他比这对双胞胎大一岁，最棒的科目是数学。

纽约的安迪

安迪的妈妈 1996 年加入了我们的研究小组，当时安迪马上就到 4 岁了。这位妈妈在网上遇到了一个和她境遇相同并且已经加入研究小组的女士，她是这样了解到我们的研究小组的。

虽然安迪已经接受了每周 4 次各半小时的口语治疗，他还是没有开口说话，这令他的妈妈非常担忧。于是，她飞往德州和那位在网上认识的母亲会面。"我们整个周末都在一起，讨论孩子的未来，相拥而泣。"她说。而后，这两位母亲经常互发邮件，不时还打打电话。随后德州的那位母亲也飞往纽约拜会了安迪的妈妈。

1996年春，在接受我们的小组调查时，安迪已经满4岁了，但是还不会说完整的句子或者跟人对话。他的只言片语"对我来说已是'天籁之音'"，她的妈妈说。然而，她又补充说："我还是担心他什么时候能够发展出跟人对话的能力，他可以做到吗？"这段话写于1996年8月12日。在这个伤感念头出现之后的两个星期，她又写信过来说：安迪开口说话了！每当看到儿子的口语又流利了一些，她都会欣慰地"松一口气"。

讽刺的是，这是发生在口语治疗课程结束之后。安迪开始一次说出一个以上的字眼。安迪的妈妈对其中的某位治疗师厌恶透顶，说他麻木不仁、粗鲁又讨厌。治疗结束后，安迪的妈妈表示，"他最近4个月里的进步比以往任何时候都多"。她说："我觉得安迪3到4岁之间的那一年都白费了。"因为他遇到的那个治疗师"只能让他退步"。

口语发展迟缓并不是安迪唯一的问题。在家里尤其在学校里的不当行为同样令人头疼。他会搞一些恶作剧，并挑战大人的底线，观察在什么情况下他可以逃脱惩罚。

一年后，即1997年的夏天，《晚开口说话的孩子》一书受到了媒体的关注。《换日线》节目采访了研究小组中的一些成员，其中就有安迪的母亲和那位得克萨斯州的母亲。节目在1999年3月播出的时候，讲述了那个得克萨斯州男孩的故事，他也取得了显著的进步。

1999年，安迪的母亲在接受我们的跟踪调查时，这样写道：

我终于可以非常高兴并且自豪地说，安迪在过去的3年里确实进步了。他的口语能力虽然还没有达到普通7岁孩子的水平，但是对他自己来说已经进步很多了。他现在随时随地都能说7~12个字长的句子。他能恰当地发问并且回应我的问题了。

此时，安迪的妈妈开始察觉到他那惊人的记忆力，他"总是令她感到不可思议"。他在音乐方面也表现出一些兴趣。安迪的哥哥曾经练了一年的小号，安迪很"喜欢听斯蒂芬练习，他会准确地跟着哼唱"。

安迪一直没能摆脱的问题就是他的不当行为，尤其在学校里面。不过这个问题在很多孩子身上都有发生，不管他们是什么时候开口说的话。

阿肯色州的海莉

海莉出生于1990年，她的妈妈第一次给我们写信是在1995年她快5岁的时候。和我们研究小组里面的一些孩子一样,她长得非常漂亮,当模特都可以了。

海莉在3岁之前什么都不会说——即便是"mama"——之后她开始能说几个单个的字。她在3岁之前就接受口语治疗了。她爱学小狗叫。"如果事情不按她的意思来,她就大发雷霆。"

到她妈妈联络我们的时候,她不单能说字词,还能表达她想要什么了。就像我们小组中的很多男孩子一样,海莉也很擅长拼图,她的记忆力被形容为"非比寻常"、"像影印机一样"。她的老师"不止一次地说她从没见过像海莉记忆力这么好的孩子"。同时,她的妈妈还说她是"超级顽固的"。

海莉的家庭背景也符合我们在研究中发现的模式。包括她的母亲在内,她有5位近亲会弹奏乐器,她的姐姐据说"在数学和自然方面特别厉害"。她的妈妈是教授自然的老师。

有些人以为海莉患有自闭症,连她的妈妈也这么想。然而,她在一家儿童医院接受检查后,医生发现她根本不是自闭症儿童。不过他们表示海莉可能有轻度的广泛性发展障碍和注意力缺陷障碍,当然还有口语障碍。他们给她开了些药物。经评估,她的心理年龄低于实际年龄。但是,仅仅间隔3个月后重测一次,她的智力得分就攀升了 44 分。这样的结果似乎反映的是不同时间点上孩子的反应差异，而非在如此短暂的时间内心智发生了实际的变化。

到 1999 年，海莉的妈妈说她取得了"惊人的进步"。如今，9 岁的她是一个词汇丰富的"如饥似渴的阅读爱好者"。她看夜间新闻，是一个泰坦尼克迷，能记住人体每一根骨头的名称。"她只是对一般 9 岁大的孩子喜欢的东西不感兴趣，"她的妈妈说。学业方面，她的数学、拼写和阅读成绩合乎或高于一般水平。而在妈妈认为她应很擅长的科目上，她并没有取得突出的成绩。她的妈妈坚信，她是可以成为一名优等生的，但是极度聪明的孩子往往并不会中规中矩地做个好学生。

海莉的社交能力被认为是"没有发展到应有的程度"，她是个"独行侠"。她的妈妈为她安排了各式各样的社会活动——垒球社、女童子军、体操训练——不是为了这些活动本身，而是希望她能借此机会和他人互动。"如果我不叫她参加这些活动。"妈妈说，"她会整天把自己关在房间里的"。1996 年评估海莉的社交能力时，她被认为是"远远不及一般程度的"，但是到 1999 年就已经达到了"一般水平"——和其他方面的进步一样，真是迈上了一个大台阶。

得克萨斯州的李

李是个女孩，生于 1991 年。她的妈妈在 1995 年 2 月第一次和我们的研究小组取得联系，她是因为某位朋友寄给她一份有关我撰写的晚开口说话孩子的文章影印本而得知我们小组的。李和她的家庭背景非常符合我们在研究中发现的共同模式。她的父亲是一位计算机程序员，祖父是工程师，叔叔是会计。她不仅在说话方面起步较晚，如厕习惯也是较晚才养成的；同样的，她也拥有被形容为"令人难以置信"的记忆力。不仅如此，她在音乐方面也很有天赋，"在尚未开口说话之前，很早就能依依呀呀地哼出许多曲子"。当问及李对什么事情特别感兴趣时，她的妈妈写道："音乐——她从小就喜欢。"李是家中唯一的孩子，并且是"我的生命之光"。她的妈妈说。

李平生说的第一个词是"mama"，当时她还不到 1 岁，但是此后，直到 3 岁半时她才能说超过一个单词的句子，到 4 岁半时才能说完整的句子或者跟人进行有来有往的对话。和许多被研究的孩子一样，李在两岁第一次接受评估的时候以失败告终。整个局面可以用"极度"紧张来形容，她哇哇地哭个不停。5 岁时，李开始取得进展，但是她的父母却被告知她永远没法赶上同龄的孩子。

和我们研究中的一个对象一样——如今他已是中年男子——她也会"没完没了地"流口水，她还像加州的比利一样患有眼疾，眼科医生猜测她"每次只用一只眼睛看东西，这样下去会导致严重的视差"。她5岁起就开始戴眼镜了，在七八岁的时候做了眼部手术。此外，她还动过颚裂手术。在动完这个唇部手术的几个月后，她的口语能力"突飞猛进"。她的妈妈还补充说：

……她说的每一个字都是这个世界上最珍贵的东西，她说话快得我都跟不上了。真是太美好了！

1996年的时候，李的妈妈认为她女儿的社交能力低于一般水平，而到1999年再次评估时已超过了一般水平。她"变了不少——更平和了，而且个性开朗"。在接受1999年的追踪调查时，尽管李的学习成绩还是没有达到标准水平，但在过去一年中她已经"取得了前所未有的进步"。

对待李的成长问题，父母二人的观点迥然不同，上面提到的只是一种情况——他们的分歧实在是太大了，所以李的妈妈在她6岁半的时候带着她离开了那个家。"说真的，那对我们来说是最好的决定，她真的不断变好了"。

阿肯色州的卢克

1993年3月,我把我儿子的情况写成专栏刊登在报纸上,卢克的妈妈是最早给我来信的家长读者之一,那时候他的儿子刚满3岁。当时,卢克基本上只说一些单个的音节,一下说两个字的情况难得一见。他能听懂别人的话,但是很少应答。

在我们的研究小组中,一向都是孩子的妈妈写信过来,但卢克的爸爸和妈妈都会来信。他们感到非常忧虑,坦诚地跟我说"我们的心情非常沉重",尽管卢克自己倒是"一个快乐无忧的小孩"。他会用富有创造力的非言语方式表达自己的意愿。据他的妈妈说,"卢克的记忆力非常惊人,而且擅长拼图和组装物件"。同样,他的如厕训练也是滞后的,动不动就发脾气,"不怎么说话,只是嚎啕大哭,或者在极偶尔的时候说个'不'字"。和很多聪明但晚开口说话的孩子一样,一旦有东西引起了他的兴趣——不管是玩偶、影片还是其他什么东西——卢克都会聚精会神,心无旁骛。

卢克的家庭背景和我们研究小组中的其他家庭也很类似。他的爸爸和一位叔父都是注册会计师,他的祖父是一位工程师，还有一位叔父是内科医生。他的妈妈、祖母和一位姑妈都会弹乐器，他的妹妹既会拉小提琴又会弹钢琴。

卢克曾接受过口语治疗，这对他多少有些帮助，但是治疗师也给他父母一个要命的信息，即她怀疑卢克是自闭症儿童。这对于父母来说好像晴天霹雳。幸运的是，他们又带儿子去看了其他专家，他们一致认为卢克没有自闭倾向。事实上，卢克的私人医生在获悉此事之后愤怒不已，没想到竟然有人不具备行医资质就敢随便下这样的诊断。

1994年4月，卢克刚过完4岁生日不久，他的爸爸写信给我们的研究小组报告他儿子的进展。在6个月的时间里，卢克的词汇量达到从前的两倍还多，发音也有所改善，那时他已经可以说2~3个字的短句子了，尽管他的发音问题没有完全消除。但是，他还是不能跟人进行有来有往的对话，而他那个两岁半大的妹妹已经能做到了。

到1999年我们进行追踪调查的时候，卢克的爸爸写信说：

"我们有令人惊喜的好消息！卢克目前在学校的表现非常好，不需要老师特殊照顾，他的社交能力也在逐步改善。他的数学很棒，阅读处于中等水平，但每天都在进步着。"

恰在此时，卢克当年的成绩单发了下来，他在各个科目上的表现有所差别，但数学成绩毫无疑问是最优秀的。

其他孩子

有一位妈妈来信说，她的小女儿在学校的时候一句话都不说，对熟悉的邻居家的孩子也是如此，但是自从搭乘校车回家后，她开始会和别人说话了，每次到家后也很乐意开口说些什么。虽然这是一个非常罕见的情况，但由于该状况在她身上不断出现，甚至可以叫它"选择性缄默症"了。还有一个小男孩的祖父，某天无意中听到他在后院自言自语，大概他以为四下无人吧。我们在第二章里提过的小女孩莱丝莉也做过这样的事情，她在私底下不断地练习说"香草"这个词，直到她觉得足够有信心了，才跟妈妈说："妈妈，听我说，我拿到了一个香草糖果棒。"

还有一个不肯开口说话的孩子的妈妈写信给我：

我儿子刚上幼儿园时，他的老师很担心他的不适应。开学数周后，她来找我。

"安吉拉。"她说,"我想我们得给卡里做个检查。"要知道,他跟老师和同学们在一起的时候连一个字都没说过。即使直接提问他,他也不愿回答。他会用指的方法作答。

"你叫什么名字呀?"他会走到书桌旁,指指桌上的铭牌。

"你想要什么颜色的蜡笔?"他还是用指的方法告诉老师他的选择。老师们试着跟他说,如果不能大声说出那个颜色他就得不到蜡笔了。然而他只是耸耸肩,回到位子上看其他小孩玩。

老师们开始着急了。在他们的教学生涯中还从未遇到过连一个字都不肯说的孩子。于是,数月后,我就听到了"必须带他去检查!"这句话。我竭力解释说我儿子是没问题的,他在家里会说话,这一点我最清楚。

"随他吧。"我说,"他准备好了自然会说话的。"然而,老师们还是一个劲地坚持认为我不带他做检查就是在延误他的成长。

圣诞节假期过后,学校在 1 月份复课。之后过了两星期,他的老师对我说:"安吉拉,你们家卡里怎么了?"现在,她开始因为我儿子滔滔不绝而吃不消了。

相比之下,另一个妈妈焦虑得多。后来她发现,在她停下教儿子说话以及做口语能力评估的不懈努力后,儿子很快就乐意说话了。"现在我明白了,我的焦虑在一定程度上妨碍了他的成长。"她说。

还有一位母亲来信提到了她那个对音乐有着浓厚兴趣的晚开口说话的孩子。还在蹒跚学步的时候,他就对巴赫的音乐着迷了,情到深处甚至潸然落泪。一项关于天才儿童的研究报告中也提到相似的片段:"一个 3 岁大的孩子坐在电视前全神贯注地看完了长达 3 小时的歌剧,却没法乖乖地看完一集《芝麻街》。"这对于我们理解为什么很多高智商的孩子在课堂上躁动不安很有启发。这样的孩子很可能被冠以"多动"或"注意力缺陷障碍"的名头,然而事实上,可能仅仅因为学习内容对他们来说太浅显了,一些在兴趣和能力上相匹配的内容也许更能抓住他们的心。可惜对于这类孩子,人们大多采取的做法是采用药物治疗，而不是提供挑战性的任务来鼓励他们施展才能。

某些刻板守旧的教育者非但没有为那些智力超群的孩子们调整教学计划，当他们看到那些开口说话较晚的孩子提前学会阅读的时候，反而会对他们发出警告。人们给这种现象甚至起了一个专门的名字，听上去像一种疾病——"过度阅读症"。真正的超常阅读症包含不具有理解性质的早熟阅读行为，但学艺不精的半专业人士往往混淆这些诊断标准而草率地下结论。对于那些非常聪明但较晚开口说话的孩子来说，早早学会阅读是很平常的事。就像第二章里的莱丝莉，她"早在学说话的时候"就学会了阅读，当时不过两岁左右。温纳教授对高智商儿童做了一项研究，发现他们大多很早就会阅读：

很早开始阅读是高智商的可靠预兆；高智商组的孩子们不仅在整体上优先发展出阅读能力。在该群体内部，通过比较其智商差异，也能大概预测出他们是多早学会阅读的。相比智商分数不到170分的人，那些高于170分的人在4岁前学会阅读的可能性是他们的两倍。

尽管如此，一些教育人士和评估人士还是会匆匆忙忙地给孩子贴上"过度阅读症"的标签，尤其在孩子很晚开始说话的情况下。可是，不善言辞并不意味着孩子读不懂文字，他可能只是没法把他读懂的意思说出来而已。

一位母亲是在偶然间发现她的儿子会识字的，当时他们在医院，告示上面的文字示意儿童向右边走、成人向左边走，她儿子看到后自动转向了右边。当她询问儿子怎么知道要走哪边的时候，他抬起手指了指那个告示。也许在检测那些口齿不清的孩子们是否具备理解文字的能力时，可以设计一些实用的书面指示语，前提是在为孩子做评估的时候要审慎考虑，避免流于简单机械的评估形式。

回　　顾

音乐、数学和记忆力是本章和第二章中一再出现的主题。在非常年幼还不懂数学的阶段，孩子们在拼图类任务上的早熟表现也反映出类似的分析天分。一个比较负面的主题是，一些"专家"会妄下结论，而后对家长们举出的反对性证据置若罔闻，包括从孩子身上得到的实证。

"广泛性发展障碍"似乎是甚为流行的一项诊断，即便孩子的问题只是口语发展迟缓，在其他方面并不逊色。教育界和医疗界似乎都没有建立一套针对误诊的监督体系,若能如此,相信未来人们不会那么武断。还有一个专业名词——"特殊语言缺损"——用于这些孩子身上,但是这些孩子只有口语发展迟缓,但"没有明显伴随智障、神经受损、听障等问题"。这个标签比广泛性发展障碍更恰当吗?只要没有系统地追踪孩子的成长历程,就很难回答这个问题。卡马拉塔教授在范德比尔特大学进行的项目对同一批晚开口说话的孩子进行了数年的跟踪研究,为检验许多有关广泛性发展障碍的诊断提供了难得的机会。

一旦孩子的口语发展趋向正常,其他方面的发展也和最初的诊断不相符合时,家长们通常只是不再去请教"专家"了而已。倘若可以让这些专家们知道他们当初的诊断是误诊该有多好,但这样做也有很多问题,毕竟某些专家总是倾向于无视家长的意见。倘若其诊断被质疑,他们反而会给家长贴上"否认现实"的标签。在某些情况下,更恰当的说法似乎是,面对这个错综复杂、充满不确定性的领域,那些学校或其他机构里面的那些专家、半专家在否认该领域的不确定性。

研究小组中,并非每一个孩子的故事都有美满的结局。其中至少有一个被诊断为自闭症的孩子目前毫无进展，少数孩子至今仍有严重的问题，还有一些家庭后来杳无音讯，对于那些孩子的发展我们只能靠猜测了。然而，从总体上看，研究小组里的孩子们不仅在口语方面的进步大大超出家长的预期，在其他能力上也有突出表现，多年来社交能力更是有了显著提高。我们没有理由认定来自我的小组——或者卡马拉塔教授的小组——里面的某个孩子可以代表爱因斯坦综合征的模式，但引人注目的是，竟然有这么多孩子表现出了这种倾向。

了解到很多较晚开口说话的聪明孩子的经历是件好事，但我们真正想知道的是为什么会出现这种不寻常的情况以及家长该如何应对。在接下来的三个章节，我们将试图解答这些问题。

第四章　寻找答案

没有人确切地知道这个令很多父母、医生和其他行业专家困惑的问题：为什么一个孩子在很多方面表现了超人的智慧，但是在其他孩子都会说话的年龄却不会说话？

众所周知，在那些高智商或者有音乐天赋的孩子身上，有很多共同的异于普通孩子的情况。相比普通人群，左撇子、儿童期近视、过敏症和其他免疫系统障碍在高能力人群中发生得更普遍些。对于这样的现象，甚至都有命名，称为"优势的病理"。

总的来说，高智商的人群要比普通人更健康些，尽管他们也更倾向于表现出某些异常的症状。这些使得异常的情况更加令人迷惑。

比如，门萨国际高智商协会（The high-IQ Mensa society）的成员比普通人群出现敏感症的概率更高。在约翰·霍普金斯大学一个智力超常的孩子群体中，超过半数的孩子有过敏症，这样的概率是普通人群中发生概率的两倍多。在聪明孩子中也更常出现儿童近视，一个研究发现概率大约是正常人群的4倍。同一个研究发现，具有音乐天赋的人群患有某种学习障碍的比率大约是正常人的2倍。数学家和高水平的国际象棋棋手比普通人群有更高的左撇子概率或者左右手并用的情况。

约翰·霍普金斯大学早就有一个关于智力超常儿童的计划，比如，那些在12岁的时候就能够在美国数学高考上获得700分或者更高分的人会被纳入进来。这些孩子中有超过4/5的孩子都患有儿童近视、敏感症或者是左撇子。

在这样的背景资料下，这些异常聪明但晚开口说话的孩子便不会显得那么令人惊讶了。当然，这些事实完全无法告诉我们这些事情之间的因果关系。没有人有确定的答案。但是研究大脑的专家们会给我们提供一些原因来解释为什么这些异常现象会更频繁发生在高智力人群身上。

大　脑

　　大脑除了可以控制人的智力和情绪之外，还可以控制很多东西。这些东西包括免疫系统和视觉系统，以及我们身体各个部位自主或不自主的活动。大脑的不同部位控制不同的事情。例如，右手是受到大脑左半球控制的。虽然并不是所有人的大脑都以相同的方式运作，但是某些大脑部位控制对应的功能有一定的通用模式。例如，在右利手人群中，95%的人言语功能是受大脑左半球控制的；在左利手的人群中，这一概率也有60%。

　　而大脑不同部位的大小，根据它所控制功能的熟练度或者该功能使用的频度而有所不同的。例如，在音高辨别力良好的个体中，控制这一区域的脑区部位是要大于其他人的。类似的，那些通晓弦乐器的音乐家在大脑的这个部位也大于其他人。这样的情况也发生在那些通晓盲文的人身上。当爱因斯坦的大脑被解剖后发现，他的大脑大小与常人无异，但是在他左半球有一个部位却是正常人大小的两倍。

　　某种技能使用的频率越高，与其对应的大脑部位会发展得比正常情况要快，又或者正是因为该部位发展得比较快，才让个体在该技能方面达到更高水平；因此，两者间的直接因果关系并不那么清晰。不管怎样，研究呈现了上述关系。

借助现代化、高技术的追踪大脑活动的方法，我们发现不同性别的人，大脑的组织和功能有不同的特点。男性一般用比较局限和特定的大脑部位从事特殊类别的思考，而女性则用更多部位进行那些给定类别的思考。女性更容易从局部大脑的损伤中恢复过来，因为那些没有受损伤的部位会接替那些之前由受损伤部位控制的功能，进行替代作用。更具体说，有研究显示，那些因为大脑受损影响言语能力的女性恢复得比男性更加容易。即使是在正常情况下，男性和女性的大脑在言语功能上也有不同之处。

两性之间大脑区域的差别在儿童早期并不显著。因为那时的大脑细胞或者是网络能够被用来进行某种功能的工作，或者是从事别的功能。换一种说法，在婴儿期或者是孩子蹒跚学步期，伴随着大脑各种功能的发展，相应的脑区还在竞争那些没有确定某种专属功能的脑区资源。

在某些人身上，这样的早期竞争会使大脑功能获得不均衡的发展，如果智力功能的发展获得较多的资源，相对来说，其他功能就会缺乏资源来发展。而这样的结果，根据支持该假设的神经科学家所言，那些非常聪明的人更容易患过敏症，因为那些控制免疫系统的大脑部分并没有获得足够的资源进行发展，以致不能应对环境中具有刺激性的东西。*

儿童近视，曾经被认为是因为那些聪明的孩子过度阅读所致，现在被确认主要是先天的原因。视觉系统就好像免疫系统一样，需要足够的资源才能够发展好；而当这一部分的功能要发展的时候，大脑的智力功能部分可能获得了多于正常数量的资源，这就影响了视觉功能的发展。也许这就是为什么近视更多地发生在那些智力早熟的儿童身上的缘故。

因为人的大脑控制右手活动的区域与人们进行数学、棋艺和其他分析性活动功能的区域是大致相同的，有一些人发展了异乎寻常的分析性能力就可能带来大脑

---

* 我恰巧在波罗的海的一艘游艇上遇见过这样一个人——一个非常聪明并具有高度分析能力的但是对空气中的刺激物极度敏感的男人。虽然是一个美国人，但是他却居住在爱尔兰的西南部，因为那里有稳定的轻柔的海风，空气中极少有容易引起过敏的物质。他搭乘游艇度假也是基于同样的理由，在他的船舱里通过管道输送海风到空气调节设备，以便他呼吸到的都是新鲜空气。一个更极端的例子是艾伦·M·图林（Alan M. Turing），一个英国的天才数学家，在德国二战时进行密码破译的专家，他对密码机器散发出的气味极为敏感，有时候都要使用面罩来过滤掉空气中的刺激物。

功能发展的不均衡，这就让右手的发展要比左手更为熟练。就像人类的大多数事情一样，并没有什么是绝对的。大部分的数学家和顶级的棋手都是右利手，但是在他们中间左利手的比例要高于普通人。

顺带一提的是，并非任何一个数学家或者棋手都能令自己一只手比另一只手更娴熟，也并不像"打一垒"一样在本质上对于左利手的人来说要容易一些。简而言之，在一垒选手中左利手的概率高于平均水平的原因需要追溯到活动本身的特点上。但是，在数学家、顶级棋手或者是宇航员、建筑师和其他需要高水平分析技能的职业上，左利手的比例也是更高的。

大脑某一区域不均衡发展使用的资源可能来源于多个地方，而取自哪些区域是存在个体差异的。控制大脑分析性思考的区域是与控制言语能力的区域相邻近的。在爱因斯坦的大脑中，控制分析和空间推理的大脑区域已经扩展到了邻近的其他区域，扩散到那些正常情况下应该从事其他功能的区域，包括操纵言语能力的区域。

神经科学家指出爱因斯坦大脑中与数学和空间推理能力有关的区域获得了超常发展，他们同时也指出"邻近的区域包括了言语控制区域"，那些部分看起来在他的大脑中没有得到正常水平的发展。我们并不知晓这是否就是他晚开口说话的原因。然而，这些事实足以引起一些神经科学家在这两者之间建立联结。就好像麻省理工学院的史蒂文·平克(Steven Pinker)教授提出的那样：

> 神经科学家推测爱因斯坦大脑顶叶的发展要早于胎儿发展阶段，于是更大的没有被分开的小叶就为数学和空间推理能力提供了更为丰富和更为集中的环路资源。这些可以用来解释爱因斯坦其他广为人知的认知特点：他到3岁还不会说话。许多晚开口说话的孩子长大后成为了工程师、数学家和科学家，包括物理学家理查德·费曼和爱德华·特勒。也许这是不同的智力功能在大脑皮层的发展过程中竞争大脑的固有资源所带来的结果。

如果这些神经科学家是正确的，那么爱因斯坦的大脑在他出生前就在以一种不同寻常的方式发展，甚至在我们两个小组的研究中的全部或者是大部分的孩子身上也发生了相似的情况，这也就使得非常多的晚开口说话孩子在对待这样一种大脑发展模式的时候一筹莫展。

晚开口说话的孩子

虽然我们倾向于从晚开口说话的角度来考虑我们研究小组中的孩子，而没有在意他们是否较早发展了分析性思考的能力。但我们也可以说，晚开口说话可能正是因为他们过早发展了分析性思考能力。

我们假设在童年早期整个大脑的发展产生了非常多的可以提供给各种功能发展的资源。这样的假设与聪明但晚开口说话的孩子最终发展了口语能力，而且他们口语的发展在几年之内就能追赶上其他孩子的事实是一致的。

与这个假设一致的现象还有，大人们在孩子早期发展的过程中试图让他们开口说话的种种努力往往一无所获，但之后没有大人们的额外努力，这些孩子也会产生一些自发的、有时是突然的言语能力的发展。事实上，孩子有可能在父母放弃希望和停止任何努力之后就开始开口说话了。麻省理工学院著名的语言学者和神经科学家斯蒂芬·平克说道："语言似乎是在大脑发展出足够的处理能力时才发展起来的。"虽然这只是关于惯常情况下语言发展的一个描述，但是这跟聪明的孩子晚开口说话也是非常相关的。

语言发展的突然加速情况也是如此，比如那个在40个月大的时候词汇量倍增的小女孩，随后在41个月的时候，词汇量又再次倍增，在这个过程中，她的言语能力也发展得更为精确。在那两个月的时间里，并没有任何来自大人的专门的努力。从这样的结果看来，言语的发展似乎跟大脑的发展更为一致，而不是外部的原因。而这并不是一个单独的个案。有很多沉默不语的孩子突然就自发地开始会说完整的句子，比如爱德华·特勒。

另一点与这个假设一致的是，非常多聪明孩子在还不会说话的时候对于理解他人所说的话并没有任何困难，甚至对那些复杂的指令理解得比其他同龄孩子更好。在这方面，他们可能跟在第二章里提到的莱丝莉一样，她是一个晚开口说话的孩子，却在词汇理解中获得了排名为前1%的好成绩。理解他人的言语通常是大脑右半球的功能，而言语的发出通常是左半球的功能，大脑左半球分析性功能的过度发展可能存在影响说话能力的风险，但是并没有影响到言语理解能力。研究莱丝莉的学者提到：

> 她很容易就学会了音乐，学习声调模式也很快，而且她会模仿非言语的声音，而言语最主要的控制位置是在大脑的左半球，学习音乐和语调模式却是在大脑的右半球。

大脑组织和功能的性别差异也许能够帮助我们解释为什么大部分聪明但晚开口说话的孩子是男孩子。男性大脑的功能更具专门性，于是，相比女性而言，每个功能更容易分裂；反之，女性的大脑可以在更多的区域从事相同的事情。而某一个特定脑区资源的匮乏看起来更难妨碍一个女孩发展言语能力,因为她的大脑更容易在其他区域发展相同的能力。这些当然都是一般化的结果,因为个体的大脑组织存在差异。正如我们已经知道的,那些少数的晚开口说话的聪明女孩倾向于具有的其他个体或家庭特征与那些晚开口说话的男孩子是相似的。

因为当代的父母与上一辈或者是更早期的父母不同,他们不可能放任一个晚开口说话的孩子去独立发展,所以我们不太能知道到底一个孩子学会说话是因为口语治疗还是其大脑自然发展的结果。我们所能知道的就是在上一代相似的孩子学会说话的时候,这些"早期的干预"计划并没有传播开来。但是究竟那时有多少孩子而现在又有多少孩子是这样的,我们并不知道。

我们必须清楚地知道,我们在考虑这样一个假设,也需要清楚地意识到这并非一个无中生有的理论。在关于大脑功能的区域定位和关于大脑组织和功能的性别差异上,是有扎实的实验研究基础的。而且,在不同职业人群中左撇子的概率也是有严格证据的,而过敏症和儿童近视在高智商群体中的发生概率也同样有实证基础。实证研究揭示出,那些非常年幼的儿童能够比成人更好地从控制言语能力的左半球损伤中恢复过来。这表明在儿童的大脑中，大脑脑区的专属功能的定位还没有发展到成人大脑脑区专属功能的情况。

而还需要通过科学验证的是，这一切是如何联系到一起的。孩子晚开口说话是有很多不同原因的，而又有如此多不同的附属特点。这对于未来研究和研究者来说，在研究中揭开这些复杂的谜团将颇具挑战。在这里，我们只是尝试去摸索着理解为什么在孩子中有这样一个群体——具有高度发达的分析能力和其他心智能力的，却会比正常的孩子晚几年开口说话。因为这些孩子通常都有近亲从事需要高分析能力和音乐能力的职业，这让人看上去就是一个非常重要的调查点。虽然我们离科学的答案还有一段距离，但是这些相关的答案似乎说明，大脑先天的特点和随后的发展是有关系的，而不必惯常地把责任归到父母身上，尤其是归结到母亲和她们的抚养方式上。在大部分异常聪明但晚开口说话孩子的家庭中，其他的孩子说话并不晚，即使他们是被同样的父母抚养长大的。*在这样的一些家庭中，包括我自己的家庭，晚开口说话的孩子都有一个兄弟姐妹是早说话的。这样的

---

* 两个在这里研究的小组并非是那些唯一的答案。相似的结果也出现在关于"特殊语言损伤"的孩子研究中，也就是说，孩子晚开口说话并不归结于任何可见的生理或者是心理问题。

差异更容易让我们接纳是基因差别的原因导致孩子晚开口说话的("孟德尔法则"),而不是因为父母的行为。这当然也不是因为父母在晚开口说话的孩子身上犯的错误而并没有在后面的孩子身上重复。因为在我的小组中,这些孩子有一部分是兄弟姐妹中最大的,有一部分是最小的,而有些是在中间的。

关于先天因素和环境的相互影响并不是对这些孩子问题的唯一解答。因为普通人群中,孩子语言能力发展的差异看起来包括了先天和后天环境的原因;而后者好像是更为重要;尽管对于那些口语表达能力在后5%的两岁孩童来说,先天的因素好像处于一个更为重要的位置。上述结果来自于英国一个关于数万个两岁儿童的研究结果。但是对于后5%的最低水平的孩子来说,情况也不能一概而论。这个水平的22%的孩子在发展的过程中也并没有口语能力的延迟。

简而言之,当一个孩子在两岁时言语的发展远远落后时,在大部分的个案中,来自于先天的原因可能要远远大于环境的原因,而不是因为表面上的一般滞后。正如英国那个研究者指出的那样:"我们从追踪研究中发现,有很多在两岁时语言能力发展延迟的孩子就好像'晚开的花朵'一样在随后的发展追赶上了那些同龄孩子的发展水平。"也就是说，如果把两岁时孩子言语能力的延迟发展当做一种障碍，那么这个研究揭示出这并不是一个流行的模式。但是很多晚开口说话的孩子却得到了这样一种"广泛性发展障碍"的诊断。

威廉姆斯综合征

关于大脑资源某个功能不均衡的使用会给其他的功能带来损害的更多证据可以从另外一组孩子中获得，这群孩子具有"威廉姆斯综合征"（Williams Syndrome），这些孩子的症状与爱因斯坦综合征的孩子完全相反。在患威廉姆斯综合征的孩子身上，控制语言和社交能力的大脑区域被发现异常地扩大，这就让这些孩子像下面所描述的那样：

克里丝汀是一个9岁的小女孩，在她向认知神经科学家厄休拉·贝鲁吉（Ursala Bellugi）的实验室走去的时候，她带着愉快的表情，"早上好，贝鲁吉博士，你今天过得怎么样？"这个年轻的拜访者面带微笑地说道："我的名字叫做克里丝汀，你呢？"她用目光注视着跟她讲话的人并提出问题——这些非常多的成年人都没有掌握的技能，更不用说这是发生在一个三年级的孩子身上。

但是，除了这些看起来跟年龄不相称的冷静和社交熟练，克里丝汀不会书写自己的地址，而且不会进行从4中减去2的计算，也不会自己穿鞋子。她的智力水平比较低，甚至不能够独立生活。这就是一个典型的威廉姆斯综合征孩子的例子。他们几乎拥有那些聪明但晚开口说话的孩子所缺少的所有东西，但是却不会那些晚开口说话孩子精通的事情。爱因斯坦综合征的孩子擅长拼图并较早掌握阅读，但是威廉姆斯综合征的孩子在拼图上却遇到了困难，而且他们中的很多人甚至从未发展出一年级水平的阅读能力。但是，在口语交际中，这些威廉姆斯综合征的孩子能够理解复杂的句子，而且能够修正这些句子中的语法错误。

除了理解词语和语法的能力，这些孩子还具有"饶舌的天赋，能够讲详细的故事，完全不怯场以及能够让听众心情愉快，比如'温和咒语'和'看哪，瞧！'"一个叫做克里斯特尔的女孩对这些孩子如何熟练地使用词语进行了展示：

克里斯特尔是一个16岁的青少年，她在描述自己未来的愿望时说道："我在考虑成为一个专业的写书人。我的书将会是充满变化的、动态的和令人激动的。每一个人都会想要阅读它们。我将要开始写书，一页一页，一叠一叠……我将从星期一开始进行。"克里斯特尔把一顿饭描述为"豪华自助餐",将一个老朋友评价为"相当优雅",她的男朋友被描述为"我心爱的花儿";当问到如果有人想要借她的手表时,她回答到"我的手表随时都为你准备着"。克里斯特尔能够自发地创造出一些原创的故事,比如她编了一个巧克力公主通过改变太阳的颜色来避免巧克力融化的故事;她叙述了一个外星人从电视上出来的梦。她的创造性还延伸到音乐领域;她已经创造出了一首爱情歌曲的歌词。

鉴于她对语言的熟练、对华丽的偏好、描述性的措辞和对音乐和表演专业的视角,她的热情看似合理;但是,事实上,克里斯特尔的IQ只有49……其阅读、写作和数学能力只相当于一二年级水平的孩子,表达视觉空间的能力只有5岁的水平,而且需要一个保姆来照顾她。

"威廉姆斯综合征令人着迷之处在于,"厄休拉·贝鲁吉博士说道:"这显示出对认知和语言的掌握是相当分离的。"同样的原则也能够使我们研究中那群与众不同的孩子——那些爱因斯坦综合征的孩子——获得解释。后者的问题能够在成长过程中得到解决,而前者的问题会成为生活中的障碍。

大脑某一部分的不均衡发展被认为是威廉姆斯综合征的原因，这一事实令我们没有理由不去考虑，具有相反特点的爱因斯坦综合征孩子也是因为大脑某一个区域发展的不均衡所致。

白痴天才

如果患有威廉姆斯综合征的孩子是在一个谱系的一端，爱因斯坦综合征的孩子是在相对的另一端，那么具有各种技能的——"正常"人群——就会落在这两端的中间。远远超越那些爱因斯坦综合征的人将会是那些在某些领域具备超凡能力的人群，但是也可能是那些甚至是在正常智力水平之下的人群。否则，这些人就会是过去被称为"白痴天才"而现在被称为"学者"的人。旧的描述抓住了这类人群的矛盾的一面，而现在的描述是牺牲了准确性的，是出于礼貌上的考虑。

例如，有一些智力迟钝或者自闭症的孩子在很小的时候就学会了乐器，通常是钢琴。他们通常在其他孩子之前已经能够画出一幅完整的图画或者是能够根据记忆描画出令人惊叹的画面。

所有像这样的艺术家都有自闭症。其中一个艺术家是英国的斯蒂芬·威尔特（Stephen Wiltshire），在学步期就被诊断为患有儿童自闭症,而随后几年,在他13岁的时候,他展览了他画的画。他的一个老师描述他为"一个坐在自己房间的角落里,画画的小男孩。"

斯蒂芬过去非常喜欢画画,画呀画呀画,学校的人都叫他"画家"。他所画的画看起来完全不像是出于一个孩子的笔下,比如画出相当精细的圣保罗、伦敦塔桥还有其他伦敦的地标建筑,而其他跟他一样大的孩子只能进行贴图。他的绘画相当复杂,它们的线条和角度都让我感到惊叹,而这些都发生在他只有7岁的时候。

但是斯蒂芬甚至不会独立过马路,也不能跟其他人进行正式的对话。

一个非常有名的在美国内战前的南方音乐天才白痴,是一个黑人奴隶的男孩,叫做盲人汤姆。他音乐上的天赋是被偶然发现的,是他不断地在听自己的雇主的女儿上钢琴课之后的结果:

贝休恩上校在深夜听到钢琴演奏,就下楼去看是谁弹奏的,在那时他发现4岁的汤姆不出一点差错地弹奏完了莫扎特的奏鸣曲,而这仅仅是汤姆听上校女儿练习的结果。

在盲人汤姆8岁的时候,他在当地举办了音乐会,两年后,他开始在南部巡演。最终他变得非常有名,被邀请到白宫，在那里，他为詹姆斯·布坎南（James Buchanan）总统弹奏了钢琴曲。但是汤姆表现出了智力迟钝或者是自闭症的状况，虽然自闭症作为一个概念被提出来是20世纪的事情。那个时代简单地描述他为"少有人性"。在他的音乐天赋被意外发现时，汤姆仅仅是一个独自坐在角落里的小男孩。

另一个在我们时代的自闭症音乐家神童，也同时是一个世界级的棋手，是澳大利亚籍华人，叫做特雷弗·陶。在1989年，他11岁的时候，他能够用钢琴演奏德沃夏克（Dvorak）的"新世界交响曲"，弹奏时可以不看琴谱。

很巧的是，他的一个兄弟在19岁的时候拿到了普林斯顿大学的数学博士学位，后来成为加州大学洛杉矶分校[*]的一名数学教授。

特雷弗·陶展现出了不同寻常的高智力水平，尤其是在数学上，但是有很多其他的音乐天才通常都是智力迟钝的人。令人惊讶的是，非常多智力迟钝的自闭症的音乐天才或者是先天的盲人或者是视力有严重障碍的人。

---

[*] 加州大学洛杉矶分校是美国最好的公立大学之一。——译者注

他们中有很多是盲人，这点非常引人注目。但是与我们在这里的假设直接相关的是先天盲人，区别于那些在后天发生失明状况的人，比如因为受伤或者是疾病而失明的人。在成人阶段的失明可能会带来大脑视觉系统的废弃，但是专门供给视觉系统的资源用做其他用途就不会像在婴儿时期那么容易了，因为婴儿时期的大脑资源还没有被用做专属功能。在生命的早期，未被使用的大脑资源会被"再贡献"到别的用途上。

简而言之，音乐家如此高比率的先天失明引出了这样一个问题，即是否大脑资源在不同区域会被严格区别。未被使用的资源在正常情况下是用于某一功能的，比如视力，也可以用做其他功能的扩展。生命早期大脑资源"再贡献"的理论被用在其他的背景下，包括白痴天才身上。这并不是作为一个原创的理念，去说明盲人音乐专家的特点。

这样的可能性并非暗示所有的先天盲人和智力迟钝的孩子都会成为音乐专家。但是在那些迟钝和自闭症音乐家中，盲人比率的异常偏高可能意味着大脑资源"再贡献"是一个必要的条件，虽然它并不是一个充分条件。

成为一个音乐专家，不仅需要在使用特殊乐器上有很好的手部灵巧性，更重要的是，他们比其他人对音高和其他音乐特点的感知更敏锐,还有可能是对音乐情感的深度欣赏。众所周知,自闭症的孩子对音乐有着情感反应。被称为"绝对音高"的现象通常在成人身上发生的概率只有万分之一,但是在音乐专家身上,这种现象要普遍得多。像我们已经提到过的,完美的音高与大脑特殊的特点是有关系的。听并不仅仅是耳朵的事情,也是大脑如何处理传入耳朵的声音的事情,有些大脑能够更好地处理它们。

在别的领域也有相似的白痴天才,比如:

有一个关于智力相当迟钝的黑人年轻男孩阿隆索·克莱蒙斯(Alonzo Clemmons)的故事,他的故事出现在国家电视台和《纽约时报》上。阿隆索能够制作出非常漂亮的雕像,主要是一些动物的形象。他在雕塑上的技能是被一个机构的工人在与阿隆索"不期而居"时发现的,他看到了非常多的不同的动物造型的小雕塑,这是由阿隆索自己在停车场附近用手挖出的沥青造成的!他这种特殊的才能很快就得到了认可,他的青铜复制作品现在在艺术展览馆要卖到数千美元。

大脑资源在早年生活中"再贡献"的理论已经被应用到艺术家及至音乐家身上。比如伯纳德·林姆兰(Bernard Rimland),一个著名的自闭症作家。还有一个神经心理学家黛博拉·费恩（Deborah Fein）写道：

> 普通的孩子会在生命的最初的几个月和最初几年发现自己对他人面孔和声音内在的兴趣并花注意力在上面。也许引发非正常儿童的主要问题是，他们对社交不感兴趣，这就让自闭症的孩子在早期忽视其他人的面孔和谈话。语言理解（由左颞叶控制）和面孔识别（由两边颞间控制）皮质区域可能为了发展理解和识别的高度专属机制，需要在早期生活中一个较大的和有区别的投入基础。在这样的激发性基础缺失的情况下，这些区域可能不会强大到可以贡献给这些功能的使用；而这样有可能会供给那些更高级功能而非听觉和视觉系统社交识别功能的使用，它们会各自地接近临界的地方发挥其他作用。

为了支持这个理论，他们列举了两个著名的自闭症艺术家，这些艺术家"看起来好像有强大的颜色或者是形式的感应力，但是两个都因为他们笨拙的面孔识别能力而让人注意"。相反的，那些有威廉姆斯综合征的孩子"表现出了非凡的对面孔的处理、区分和记忆的能力"。

这些智力迟钝或是有自闭症的天才，让我们认识了人类大脑令人不可置信的处理能力；以及部分了解了大脑不能够同时处理所有事情。在爱因斯坦的案例中，在上述我们提到的其他自闭症艺术家的案例中，那些功能过度发达的大脑控制区域是与那些功能受损的大脑控制区域毗邻的；这再一次给某种功能会从其他不同功能中获得资源的想法增加了证据。幸运的是，爱因斯坦和其他有相似模式的孩子能够在长大之后解决那些在童年早期的问题，在大脑自身发展的过程中能够提供更多的资源给那些被忽略的部分。

口语治疗师

现有的科学发现仍留下了很多关于大脑尚未被理解的部分。为此有必要提醒父母，留意那些出自"专家"之口的独断主张背后潜在的危险性。就这个领域，并没有所谓的"答案"。你可以认为在此需要谨慎和严谨，同时还有一种想要学习更多的愿望。然而，事实上不仅有很多的仓促和独断，在更深入了解的过程中也有很多阻碍，尤其是来自该研究领域之外的人的阻碍。

一个儿童心理治疗师，同时也是一个晚开口说话女孩的妈妈。当她在面见一位可能成为她女儿的治疗师的语音校正专家时，尝试与之讨论最近的研究发现，但对对方却彻底失去了兴趣。在与很多其他的语音校正专家工作过后，这个治疗师得出了这样的结论"他们在理解儿童语言和对话发展的科学上并非很专业"。他们中的很多人"对神经系统自身的成熟过程非常无知",而且事实上,"对自己还未知的领域有多大也很无知。"

另一个妈妈向一个语言病理学家推荐了《晚开口说话的孩子》一书,结果却是:"我立刻感到语言病理学家对于要被一个潜在病人的母亲'教'一些东西感到强烈抵触",而且"我感觉到,在我跟她讨论《晚开口说话孩子》主题的相关内容时,她摆出一副明显高人一等的架子"。但是,这也带来了一些好的结果。一旦这个母亲看到这个语言病理学家这种"无所不知"的态度时,她就取消了与这个专家的会面,本来他们已经约好在那次会面时对她儿子进行评估。

不管一位语言治疗家可不可以对一个特别的孩子做些事情,当他们在首次会面,判断孩子是否需要言语治疗时,都不可能是最可靠或者最没有偏差的信息来源。如果一个特别的小孩晚开口说话的原因是由大脑的成熟问题带来的,那么在孩子的大脑发展到足够成熟地进行言语发展之前,这个治疗的过程,无异于是挫败的来源。事实上有一些父母报告过这些挫败的经历,这与平克教授的推论是一致的,即"语言似乎是在大脑发展到有足够处理能力的时候才发展起来的"。另一方面,在考虑什么时候参加或者是否参加口语治疗的时候还有其他一些需要考虑的因素。研究表明，孩子学习说话的机会并不是无限的。大脑并不仅仅在过去几年会发展，它在处理特殊事情的时候也是有一个最佳期的。获得说话的能力在生命早期的一年零六个月时比之后要更容易。对于说话晚的孩子来说，这样一个机会的开启和关闭的间隔可能是要比其他大部分孩子短的。

在卡马拉塔教授研究的小组中，孩子开始说话的平均年龄是3岁半，在我的研究中是4岁。著名的语言发展学者、麻省理工学院机构的平克教授提出，语言发展的能力在6岁的时候就要下降了，因为大脑要发生变化，要让其去适应新的任务。获得口语的能力在第一次最佳时期之后就开始下降，到青春期的时候就"非常稀有"了。此时，也可能去学习新的语言，但通常并不是容易的事情，也像在童年早期学习外语那样，通常第一次去掌握语言的概念和掌握语言的要求会是一个非常大的障碍。这就是大脑为什么在儿童早期后就开始慢慢降低这个能力的原因。

在孩子清楚地准备好说话与开始学习说话变得更加困难的这段时间里，口语治疗有可能加速这样一个已经开始的状态。就好像其他很多东西一样，口语治疗并不能被简单地归类为好或者是坏。所有的事情都依赖于所处的环境、时机和每个单独个体的孩子。

在一些案例中,尤其是在晚开口说话是某些事情或者行为作用下的结果,而非正常大脑成熟模式的结果时,治疗师可能"跳过开始"言语发展的过程。基于我研究中大部分晚开口说话孩子父母的实际情况,卡马拉塔教授的研究打算认真考察当孩子两岁时的情况。其发现仅仅是言语加速这个过程就可以极大地缓解父母的焦虑,不管这个孩子在之后是否能够学会说话。而且孩子自身社交能力的发展可能会因为较早的言语能力的发展而获得非常大的帮助,这可能有助于防止养成反社会性退缩行为习惯。简而言之,口语治疗有相当的好处,但效果取决于治疗中的特定的孩子、特定的治疗师,还有其他的环境因素。这些好处看起来超出了当治疗师进行治疗时的付出和所承担的危险性,但治疗师有可能逾越它做出超过受训经验的、能力之外的诊断。

社会性特质

尽管有这样一个假设,就是聪明但晚开口说话孩子的大脑和功能缺陷会在随后的发展中得到解决,但是科学研究在这些孩子身上的研究才刚刚开始,在其中还有非常多附属的答案需要解释。为什么聪明但晚开口说话的孩子通常也较晚才学会上厕所？为什么他们经常被称为"固执的"，这样的描述一次又一次地出现在这些孩子父母的信件中？为什么他们倾向于独处，至少在他们早期生活的几年里？

尽管这些问题并没有确定的答案，但是经常会有很多没有资格做出诊断的人武断地贴标签，并用一连串的"行话"去跟父母游说。当父母抵制标签或者拒绝被推动去进行某些事情时，他们就宣称这些父母是拒绝接受现实。

自闭症是其中一个经常被使用的标签，部分是因为它流行，还有是因为它可得到更多的政府资助，因此而忽视这样的一个标签对言语能力发展带来的妨碍。另一个流行的标签是"阅读症候群"。在定义这些阅读症候群的症状时，阅读症候群的孩子"可能有超越常人的注意持续性，但是通常只是对那些他们自己选择的活动"。否则，可能就是"这个孩子从一个活动迅速转到另一个活动，甚至没有完成任何事情"。换言之，在高智商人群中的普遍行为，在一个放大镜下观察时，因为有偏离正常的标准，会被认为是危险的症状。不管这样的行为是晚开口说话还是早阅读。

更为可笑的是，一个孩子的"思维僵化"，可能被认为是自闭症的特点之一；而当一个成人固执时我们却又认为这是正确的。例如，一个晚开口说话的小女孩被告知在绘画的时候要"轻涂"，但是她选择了"轻划"来代替。当她的妈妈被告知这是一种"思维僵化"时，她回答道："是的，但思维僵化的是老师！"不幸的是，非常少的家长愿意像这个家长一样去反驳"专家"。老师严格坚持要一个孩子坐在一个圆圈里面，会引起非常多不必要的冲突，更别说推断出这些孩子并没有的一些症状的糟糕情况了。

仅仅比较孩子的社会特性并不足够。这些特点在哪个年龄阶段出现也是非常重要的。我们在最初的两章里看到，患爱因斯坦综合征的孩子的社会性发展在童年早期可能是会远远落后于其他同龄人的，之后晚开口说话的孩子在成人的时候可能会有正常的发展，有一些甚至在对社交技能有高要求的领域里工作，比如媒体和警察；但是也有一些依然在成年之后比较羞怯，在一些特定的领域工作，比如工程师这种对社交技能并没有严格要求的领域。

这些特性会在自闭症、阿斯伯格综合征*和其他高

---

* 阿斯伯格综合征（Asperger Syndrome）：是一种主要以社会交往困难、局限而异常的兴趣行为模式为特征的神经系统发育障碍性疾病。在分类上与孤独症同属于广泛性发展障碍。——译者注

智商的孩子身上重复发现，但是在其中也会有重要的区别，这些区别经常会被那些急于贴标签的人放大。比如，聪明但晚开口说话孩子不爱交际的特点看起来并不会持续到成年，这些也发生在那些异常高智商的自闭症孩子身上。一些高能力的自闭症个体甚至还发展了成功的职业，比如一个叫做坦普尔·格兰丁（Temple Grandin）的博士，可能是我们所知道的最有名的，尽管他的社交能力在成年后依然远远落后于其他同龄人。在爱因斯坦综合征孩子身上发现的模式要比在高智商孩子身上发现的模式要更为相似，在儿童期比成年期有更多的社会不适应。

虽然有一些聪明但晚开口说话的孩子已经被诊断为是阿斯伯格综合征——自闭症的变型或者是与它相关的疾病——但是患有阿斯伯格综合征的孩子并不晚开口说话。范德比尔特大学的卡马拉塔教授郑重地告知那些晚开口说话孩子的父母，他们的孩子被诊断为患有阿斯伯格综合征是一个大错误。这放大了这两种孩子在分析性思考中的能力和兴趣的相似，但他们在说话这点上还是有差别的。

对于那些有着高智商的孩子来说，我们注意到他们的一些特点，注意力集中、独自工作或者是玩耍、按着自己的步骤行事，这些特点也使他们与患爱因斯坦综合征的孩子相混淆。但是，这样的混淆无论是在科学的讨论还是在临床的诊断中都非常少被提及。在这里研究的孩子也与孤独症孩子在父母和祖父母都有高比率的工程师特点上有混淆。但是这些重叠特点并没有包括进来，虽然通常如果这些孩子有这样的属性就会被做出诊断。这些不同孩子之间的种类混淆令以机械化的症状检验表作为诊断和治疗的基本工具变得非常危险。

自闭症成人情感和社会性的发展经常被定义为是"像孩子一样"，也就是说，在孩子身上发生会被认为是正常的特性。相似的，有威廉姆斯综合征的一年级孩子只能够进行一年级水平的阅读并不会被认为是异常。换言之，生命不同时间个体特定的社会特点与这些特点本身是一样重要的。

一个关于阅读症候群孩子的研究，与卡马拉塔教授和我的研究中孩子的性格特点有一些相似的地方：发现他们两岁或者是3岁的时候，表现出很多自闭症孩子的性格特点，而且"看上去就像是自闭症"。但是，"当语言理解和表达提高后，自闭症的行为就会减少或者是消失。"

不幸的是，利用症状检查表的方法去评价，能够使我们发现在年幼孩子身上非常多不同寻常的个性特点，这可能预示着这些特点会在随后的生活中继续存在，但是事实上这些所谓个性特点可能在生命的其他阶段就会消失。同样在晚开口说话的孩子身上也是如此。这些个性特点在社会交往上为其带来了非常多的困难，而且还有情感的压力，但是当说话的能力发展之后这些问题就会消失。再次重申，我们不能简单地推断这些会自动发生在任何一个孩子身上，这些也不会像症状表上预示的那样固定不变。

爱因斯坦综合征

用"爱因斯坦综合征"这个术语并不是暗示说一个聪明但晚开口说话的孩子长大后会变成另一个爱因斯坦。也许再也不会有另一个爱因斯坦了。爱因斯坦综合征只是作为一个便利的标签来描述那些聪明但言语发展延迟的孩子。但是，这些孩子通常共有一些比较特殊的个性特点，这些特点有如下几个方面：

1. 出众和超前的分析性能力或者是音乐能力
2. 惊人的记忆力
3. 强烈的意志
4. 高选择性的兴趣，在某些领域达到不同寻常的

成就，但对人不感兴趣和人际交往拙劣
5. 较晚学会如厕
6. 超前的阅读或者使用数字、利用电脑的能力
7. 近亲的职业通常是对分析能力和音乐能力有高要求的行业
8. 对自己正在进行的事情有不同寻常的专注力和投入性

其他没有系统研究或者普遍存在的特点，发生之后也会引起人们足够的注意，比如对正常刺激的极端化的反应。包括在很小的时候就有大发脾气的现象，在同伴中"独处"，在学校经常表现出疏远和隔离，或者是遇到来自老师的消极反应时的表现。这些随后的问题在制度化的情境下通常是在幼儿园或者是学校会持续数年之久，直到这些孩子能够正常讲话时才结束。事实上，这些极度敏感的相似模式和对普通刺激的强烈反应、孤独和对老师和同伴的疏远，在高智商人群中也普遍存在，他们中的大部分人并没有晚开口说话。

因为这样的孩子通常会被误解，所以其父母不应让他们被催促或者是被强迫加入那些可能会对他们的儿女产生反作用的计划。父母还需要做的是抵制药物的使用，不要采纳那些独立的医学建议，而需要来自并没有与现

有任何计划有联系的人所提出的建议,因为前者仅仅是需要大量的孩子来证明自己。

听取多个独立的意见仅仅是一个门外汉保护自己不受某一个特定职业的偏见或者特点影响的办法。专业的人员会选择不去了解之前的评估而做出一个独立的评估,尽管之前那个评估可能是费尽周折才能获得的。让一个人独自去决定一个孩子的未来这样的赌注太大了。对于那些需要获得不苟合大众意见的专家评价的父母来说,到美国海德堡大学去见一下卡马拉塔教授是值得的,他能够独立地做出评估,而不被之前的评估左右。作为一种选择,他也会从他认识的人当中推荐一些附近就能找到并且愿意提供自己独立看法的专业人士,以得到专业的评估。

去获得他人的好意见是绝对值得花费额外的努力的。有效的诊断是很难做出的,而不可信的诊断非常寻常,甚至在你当地学校的社区就可以获得。当地学校地区的评价是免费的,但是它们可能会以你和你孩子生命中最宝贵的资源为代价。

总结和建议

并没有人清楚或确切地知道为什么有些非常聪明的孩子却晚开口说话，我们所知道的是，非常聪明的人比普通人有更多的与大脑相关的异常问题。并不是仅仅只有患爱因斯坦综合征的孩子有这方面问题，在父母或者是医院和教育机构的人士看来，这就是一个谜团。通常，研究异常聪明儿童大脑相关障碍的专家会给出解释，认为大脑资源的不均衡分配给智力功能提供了更多的资源，但是却导致大脑的其他功能发展不充分，这也许可以运用在那些异常聪明但晚开口说话的孩子身上，同样也可以用在那些更容易出现过敏症、儿童近视和左撇子的孩子身上。

异常聪明但晚开口说话的孩子的数据模式和他们个人和家庭的历史都更符合上述的解释，而不是其他所谓的儿童抚养模式。所以当这些孩子努力尝试要在其他同龄孩子说话时学会说话往往会无功而返，但是在之后，随着大脑其他部分的发展他们却能够自发地发展好说话的功能。这也可以解释为什么大量的患爱因斯坦综合征的孩子都是男孩的事实，因为男性的大脑结构更容易让他们出现这样的情况。而与此特性相反的患威廉姆斯综合征的孩子也是因为大脑区域不均衡发展所致，这就更加增强了这个解释的分量。

但是这个解释本身，并不能对那些有强烈的自主个性、超强的专注力和敏感的现象进行阐述，这些模式在高智商的个体中也存在，但是他们中的大部分人并不晚开口说话。简而言之，所有的这些看起来都与智力的领域有关，尽管我们还不知道为什么。

不幸的是，这个解释并没有与大多数口语治疗师、特殊教育教师和其他按照自己服务模式"运转"的人的兴趣和信念吻合。将爱因斯坦综合征的孩子从非常多晚开口说话的孩子中区分开来是困难的，这可能意味着无心之过是非常普遍的，尤其是对那些依赖表面的症状检验表、偏见和行话的"所谓专家"来说。他们会给父母增加焦虑甚至是带来绝望的情绪，还有非常多不必要的痛苦以及非常多在那些计划中错误的引导，这可能会带来伤害，同时这样的标签可能会伴随这个孩子好几年。在一个不确定的氛围中应对这样的问题就是一种挑战，在随后的两章我们会谈及这部分的内容。

第五章 测验和评估

不管有多少理由会成为解释那些异常聪明的孩子晚开口说话的原因，任何一个父母的问题都是此时此刻他们需要做什么。关于这一点，肯定不乏选择。而事实是太多的选择让人往往无从下手。而提供各种看似不太可能的希望和神奇疗法建议的人和课程也并不少见。这些人和课程，同样也是大问题。

即便仅仅要得到一份准确的评估，这也是一个相当有挑战的事情。所以可以尝试寻找独立于第一种意见之外的第二种意见，若非独立就不能真正算是第二种意见。在这些评价之上的各种标签是另一个问题，并不仅仅是因为它本身的意义或者是准确性，而且还在于这些标签难于抹煞。它们会跟随这些孩子数年之久，更不用说这些标签原本所代表意思的好坏，以及随着孩子的发展已经不再适用的问题。

是否让孩子参与"早期干预"或者是让其顺其自然发展是一个让人左右为难的问题，因为无论是做出哪种选择，都可能带来严重的后果。这就带来了一个问题，让孩子参加某种形式的日间看护机构对于孩子的社会性发展来说是一种帮助还是一种妨碍？所有的这些选择对父母来说都是不容易的事情，并非像那些为了推销自己的课程而不顾孩子最佳利益的人那么轻松。

当孩子晚开口说话的时候，没有一位有责任感的家长能够什么事都不做就期待有最好的结果。专业的评估是必要的，但是没有任何一个评估应当被认为是颠破不灭的真理。这是一个即使是学者和专家也所知有限的领域，是一个不少从业人员时常会做出错误诊断和治疗的领域。有些专家，尤其像社工和学校人员那样的半专业人士，只有"空洞的专业知识"和术语教条，但是他们当中没有一个人确切地知道为什么异常聪明的孩子会晚开口说话。

可以做的事情是让孩子进行生理问题和智力缺陷问题的检查，然后接受各种彼此独立的评估，并要注意这些评估是独立于需要孩子参加任何后续治疗的各种项目的。接受身体检查和一些非文字的治疗测验是必要的开始，但这仅仅是一个开始。

显而易见的是，对于有语言问题的孩子来说，任何的智力测试都应该是非言语的，这是为了看出他是否还有其他的问题。但是有很多这样的孩子进行了言语智力测试。其他明显不适合的测试可能也在其他各种类型的孩子身上进行。在我的研究小组中，有一个法律上认定的眼睛失明的孩子，接受的测试就包括了那些需要正常视力才能够作答的问题。在这个测验上，他的智力分数处于有智力障碍的位置，但是在另一个测试里面，他的成绩高于正常智力水平。仅仅因为接受了不同的智力测验，就让他从一个智力障碍的位置转变为一个智力高于正常水平的位置，他并非是一个特例。

当一个官僚的例行工作会导致不幸的结论或会带来反效果的行为时，父母不应该假定这些评估者进行的是合理的评估。你孩子的未来比那些将自己包装在"专家"或"专业"头衔下并威胁你或者是强迫你的人更为重要。

虽然卡马拉塔教授是儿童语言障碍领域的专家，但无一例外，他都要让去他诊所的孩子首先接受身体检查。这是值得家长效仿的有效方法。倘若没有其他任何生理问题或者是智力障碍方面的问题，就好像在卡马拉塔教授和我的研究中的大部分孩子一样，那么接着要进行的事情就是进一步评估各种可能的原因，并考虑各种应对方式。

诊断有多大可能出错以及出错的程度到底有多大？

来自马萨诸塞州大学的一个神经科学教授海伦·塔格-弗拉斯伯格（Helen Tager-Flusberg）说道：

> 我定期与那些有着神经发展障碍的孩子的家庭交流，包括那些自闭症的孩子……几乎所有的家庭都表示与那些教育机构接触让他们感觉相当挫败，他们并不认为学校人员的评估是有效的。他们与其他专家交流的结果是复杂的，大部分都是比较正面的反馈，但是我们也不时听到一些错误的诊断故事。我会说，在我所看的3/4个案中，每个人都至少有一个评估是完全不恰当的。
>
> 尽管一个个案可能包括一份以上的评估，但是想到有3/4的个案中都至少有包括一个"完全不恰当的评估"时的确让人心寒。比这更让人心寒的事情是，口语治疗师为自己错误的诊断辩解。这仅仅是因为他们给晚开口说话的孩子一个标签之后，家长会更加配合。即使那个标签是自闭症，相较于更加简单但贴切的"一个不知名的口语语言延迟问题"，好像就意味着"魔鬼失去了力量"。
>
> 我们也许并非真的知道这类行为代表的是什么，但是它是与这一类行为最为接近的，于是我们就用后者来命名……让我们先这样命名，然后这就提供了一个支持性的语言环境来鼓励交流。我们也许可以通过这样的补

救过程知道我们最初怀疑的标签是错误的。我们只要继续评估所取得的进步和所使用的方法，我们就能够和愿意接受它，这棒极了！

他们这种快活的心态忽视了自己正将沉重和持续的痛苦不必要地附加在绝望和满怀信任的父母身上。更重要的是，提供的所谓"服务"并不像治疗师假定的那么重要或者是有效，有时候甚至会产生反作用。有一个晚开口说话孩子的母亲恰好是心理治疗师，她写信告诉我，"很难说清楚孩子的进步到底是因为他长大了还是因为治疗的结果，因为这两者是同时进行的"。在某些特殊教育项目里，一个仅仅是有说话发展较为迟缓问题的孩子被安排在一个有着更为严重的智力和行为问题孩子的班级里。这不仅会对孩子的士气和智力发展带来消极的影响，而且也会导致这个孩子模仿其他孩子不恰当的行为，在学校和在家里都是这样。

口语治疗师有时候会认为自己是个专家，以为自己在该口语治疗领域的知识足以取代一般的儿科医生。但是，如果是儿科专家，他们在发现孩子没有任何生理和智力的问题时，他们通常会建议等待孩子顺其自然地发展自己的口语能力，这是他们之前治疗很多个案时发现的情况。而一个典型的口语治疗师的惯常反应是儿科医生"并非是训练有素的口语治疗师",认为孩子的能力的发展应该咨询"在该领域训练有素的口语—语言治疗病理学家"。如果问题只是简单地谁该为孩子提供治疗,那么这也许会有意义,但是,如果问题是孩子是否需要在第一时间接受治疗,那么儿科医生的训练和经历可能更为可信,因为他们比较少受自身利益的影响,儿科医生不太可能是这些治疗项目的管理者。

在一些个案中,口语治疗师提供的治疗服务也许非常有效,但是口语治疗师极少有资格做出自闭症诊断或者是其他诊断。简而言之,口语治疗师在口语治疗的时候更为有价值,而在进行诊断的时候却是最危险的。父母如果在听取了一个儿科医生的诊断之后仍然忧心忡忡,那么他接下来可能会尝试从神经学家或者是儿童心理学家,也可能是另一个儿科医生那里,寻找第二种治疗意见。但是那些能够影响孩子一生的诊断太重要了,不能仅凭那些口语治疗师、社会工作者和其他所谓专家就盲目决定。有着博士学位的口语治疗病理学家、范德比尔特大学的卡马拉塔教授,则又另当别论。但是在这里,我们谈论的是父母有可能在当地学校或者是社区碰到的各种所谓专业人士。

所谓专家确实对一些晚开口说话的孩子做过令人惊

骇的评估。比如，有一个报告指出"阿隆已经步入了有意的言语阶段"。也就是说，他就要开口说话了。在一份长达数页的枯燥地描述平常事情的报告后，有一个简短的段落描述了这个孩子特点的结论"他的特点与自闭症孩子是一致的，所以做出了这样的诊断"。这份不合理的推论由5个人签署，没有一个人拥有医学学位或博士学位。雪佛兰车的大部分性能"与劳斯莱斯一致"，但是没有人会做出雪佛兰汽车就是劳斯莱斯汽车这样的推论。但是这样草率的推论却被用以给孩子贴上影响他们未来的标签，更不用说家长为了这些错误的诊断承受了多少不必要的痛苦。

机械化的核对清单的方法之所以存在危险，是因为许多题目被用在各种非常不同的情形和不同的人身上。老鼠和长颈鹿同样都有四只脚、一条尾巴、皮毛、两个耳朵、一条消化道和其他许多相同的部位。但是，我们一点都不难区分它们，因为我们也会去注意它们的不同之处。但是关于"症状"的检测清单并没有同时纳入差异部分的检测清单。使用这些检测清单的人并不都是受过充分训练或者是足够有经验去警惕这种错误的人。

某些肤浅的检测清单却为人们相信。比如，有一个15页的包含各种简单陈述的评估儿童的清单，"容易和父母分离"、"当需要的时候会寻求大人的帮助"、"表现出预期的兴奋"以及"对上学持积极的态度"。治疗师被要求给出各种评分点，15页后项目评分的总分会被用来诊断孩子问题，这也许会改变他未来数年的命运。

通过数字或者是夸大的言语来表述这样的猜测并不会增加诊断的有效性，虽然这也许可以让家长印象深刻或者是恐慌。更别说一些专家通过宣称如果家长不配合便是"否认事实"，或者是如果不强迫孩子参加某些他们推荐的治疗课程，后果可能会不堪设想，这两种方式都让家长备感压力。一位母亲对此的表述是"这就好像是被某种宗教仪式纠缠"。

某些父母必然会比其他人对这些战略更为动摇，但是母亲和父亲也往往未必反应一致。一个最为戏剧性的例子是，当学校所提供的评估者宣称这个小男孩"智力迟钝"时，母亲顿时落泪，但父亲却大笑。这个案例中的父亲就是卡马拉塔教授，正是从自己的亲身经历中，他意识到这些评估者有多么不合格。

另一个案例是，父母双方都拒绝相信他们的儿子患有"广泛性发展障碍"，尽管对方尝试"协助我们不要'不敢面对'"，这位母亲说到。这位孩子的父亲是一位心理治疗师，这位母亲表示："在我的丈夫的实践中，他可能比我们所遇到的任何医疗服务人员都见到过更多的真正患有广泛性发展障碍的人。"但是,大部分的父母都没有这样的背景,也就更容易感到压力。

重申一下,不仅在我最初的研究小组,而且在给我写信的那些父母身上,都发现学校行政人员是最愿意给孩子贴上"自闭症"标签的人。自闭症会比这些诊断更少出现。研究表明,每一万名孩子中有4~10名有自闭症。也就是说,发生的概率只有0.1%。但是这个标签却被一些人不顾后果的使用,尤其是被那些不具备资格进行任何评估的人,这在公立学校系统里面常常发生。一个阅读过《晚开口说话的孩子》一书的父母,写来了一封颇具典型意义的信件:

所有我们咨询过的专家都让我们困惑。为什么这么一个知道如此多名词,如此聪明的孩子,依然难于将这些单词连成短语或者句子呢?我们咨询过我们的儿科医生、大学的一位成长儿科医生、一位心理学家、得克萨斯州某大学沟通障碍系的主任、芝加哥口语和语言障碍中心以及3位口语治疗师。有趣的是,只有公立学校系统的人建议这是自闭症或广泛性发展障碍。事实上,那些公立学校系统的专家,还颇有压力地让我们的孩子就读在为自闭症孩子设立的班级。

这些父母是非常聪明的，在做出足以影响孩子未来一生的决定之前，他们不仅从学校系统之外寻求专业的建议，而且去寻求各种各样医学和其他来自彼此独立的专家的建议。

一个有个 4 岁大晚开口说话儿子的母亲说道：

我现在相信整个评估的过程对尼克来说只有反效果。不仅不能够"表现"出他具备的能力，而且表现得低于一般水平。他退缩和退步了。我早就知道这种情况，因为幼儿园的时候，他的老师告诉我尼克不认得 ABC；可是在家里，他至少已经有一年的时间快乐地背诵着他认得的字母和进行拼读字母的拼图等活动。在行为表现上，他并非是典型的害羞，他对陌生人会警惕，很难放松；在家里则会表现自己，这与他在外面的表现完全不同。

孩子不愿意按照提示进行活动，是很多晚开口说话孩子的父母注意到的。我在回忆我儿子早期的经历时也注意到这个现象。正如一位母亲所言"他不是一只被驯服的海豹"。但是一个被广泛使用的症状检查表中有一道题目是这样的，"告诉孩子：把积木给妈妈；把积木摆在桌上；把积木放在地上"。在这道题目的旁边有个注解要求"三项任务需要完成两项"。但是研究中的许多孩子，还有其他像他们一样的孩子，也许不会去选择其中的任何一件事情去做。不幸的是，有很多的测试者和治疗师认为孩子如果不做任何事情证明自己，那他就是没有能力做这些事情。在一些案例里，有一些孩子被要求完成一些非常简单的任务，但是他们选择了用供给的材料完成更为复杂和有趣的任务，而这经常会被归结为这个孩子没有能力完成这个简单的任务。尼克的妈妈又做了一些观察，这些不只适用于言语发展延迟的孩子，同时也提示了他们一些普遍的行为：

我相信也许当孩子感觉不能成功完成某事的时候，他的某种自尊和骄傲会受到伤害。这也许跟完美主义有关，是一种觉察自己不能按照自己的标准完成某事的敏锐。当他开始画圆形和直线的时候，它们必须是完美的，否则他就会感到挫败并逃走。为了避免让自己去实验和失败，他静静地等待直到某一天他达到了一个高水平才表现出来。这肯定是限制他的，我们需要温和地帮助他战胜这些，但是当他愿意展示的时候通常表现出来的就是一种高水平。比如，他从来没有像其他孩子那样在上色的时候把颜色涂在界限之外。

有爱因斯坦综合征特点的孩子可能不仅会在他们有能力做的事情上失败，也可能在那些其他孩子看似明白的事情上无法"明白"。确切地说，就好像尼克，他们不喜欢仅仅是肤浅和不确定的理解。*当孩子看似无法明白其他同龄孩子能够理解的事情时，需要区分他们是真的不能理解还是他们对理解有更高程度的要求。事实上，进行这样的区分并不容易，但是当用机械式的检查清单评估孩子的时候，除非在原则上辨别这种区别，否则事后难以做到。

有着较高的标准也许是有些孩子在他们能够说出一个完整的句子之前保持沉默的理由。有一些其他孩子的更高标准也许用别的方式来表现。正如在第三章里提及的那样，一个祖父描述自己的孙子从来没有在人前说过话，但是这个小男孩却在院子里，以为没有人在时，开始自言自语。恰巧的是，莱丝莉被观察到"偷偷独自练习反复说香草这个词"，直到有一天她说道："妈妈，听我说，我拿到了一支香草糖果棒。"

一个有个3岁女孩的母亲在网络上描述到：

我们今天进行了第二次的评估，结果比第一次好一

---

* 我的一个个人经历也许可以说明这一点。作为一个经济学的入门学生，我是唯一在我的个别小组中无法理解萨伊法则（Say's Law）的人。我是在数年之后博士论文写作的时候才理解了这一内容。这本论文在之后被扩展成为一本书，起名为《萨伊法则》，在美国和海外的学术期刊上获得赞誉。但是在我作为初学者的一个初浅水平学习时，萨伊法则对我来说是完全没有意义的。

些……她仍然不跟病理学家说话，但是她能够指出图片，所以医生认为她的接受性语言是没有问题的。医生让她玩玩具，这时候这个小女孩好像复活了！她说："妈妈，看！红色的飞机。"然后她开始在房间里面飞奔起来。我认为这帮助病理学家了解到她真的是在说话，她只是不想回答陌生人的问题，所以保持沉默！

虽然医疗人员在诊断晚开口说话孩子的时候一般比较不会武断，但是在医生中草率的问诊早已是众所周知的事情。比利的儿科医生，因为忽略了孩子的视力问题而做出武断的诊断就是一个例子。另一个不属于我们小组的母亲，告诉我们，有一个神经学家在没有任何身体检查或者是触碰孩子的情况下，花了不到7分钟后就宣称她的儿子是"智力障碍"，这仅仅是因为这个男孩没有回答医生的问题。

即使是知名的权威也可能出错，一个加拿大的母亲发现了这一艰难的事实：

我的儿子，出生于1983年，直到1986年7月或8月的时候还不会说话。那时他已经3岁半了。直到那时，他大约认识4个字，其中两个是妈妈和爸爸，另外两个代表的是苹果和水，但是听起来不太像。言语延迟只是众多不符合标准的行为中的一项。

我的儿子威廉,从一开始就对所有机械和电子类东西着迷。3岁的时候,就能够拆卸和组装复杂的门锁。有一次,当我在地下室洗衣服的时候,他拆下了地下室和洗衣房的门锁,接着又将洗衣房的门锁安装在地下室的大门上,于是我被锁在里面。所有的这些只花了几分钟就完成,他那时候只有3岁。威廉像这样的故事,足够我写成一本厚厚的书,有朝一日我会为此自豪。但是,现在我们要提及的是他那些让人担心的事情。

数名加拿大的英属哥伦比亚医学院医生在威廉22个月的时候为他做了一次检查,他们认为威廉"智力迟钝"。威廉参加了当地的一个特殊日间学校,直到数月之后我们搬回家乡蒙特利尔。我找到了蒙特利尔最好的医生,我如此坦诚地相信我找到了最好的医生。事实上,这个医生数次上了美国广播公司电视台的节目,讲述关于孩子的行为。这个医生在我们第一次拜访的时候用了"自闭症"这个词语,之后,我们就经历了测试、特殊学校和治疗师等一连串的噩梦。

威廉现在已经16岁了,他在数学和物理上表现优异,尤其是在计算机编程和世界史上颇有天赋。他五年级的时候就自学了编程。在16岁生日前不久,他就在仓管部门从事销售电脑的兼职。他是他们那里最年轻的雇员。他准备进入滑铁卢大学就读计算机工程合作课程。他是风趣的、机智的、惹人喜爱的。

我希望在他小时候就得到他是一位非常聪明的孩子这一评价。我相信特殊学校给他的自尊心带来了打击，甚至直到今日他还在为此挣扎。我也为我当年所做的决定感到难过。如果可以重来，我会让他顺其自然地成长，在快乐的时光里发现和发展自己。

顺带一提，我和威廉的爸爸相识于工程学校。那时我正努力成为一名国家工程师，他的父亲正努力成为机械工程师。但我们两个最后都没有实现最初的梦想，后来所走的道路与设想相去甚远。我们两个在数学领域都很强，他的父亲还会弹奏古典吉他。

简而言之，即使是医生的诊断，也需要一份独立的第二种意见来防止某位从业者独断的危险，毕竟这是影响孩子一生的事情。在这里，我们又一致地发现了有关门锁的事情，即分析倾向和组装、拆卸事物的兴趣在这类孩子身上是惯常的。这种分析的倾向在孩子非常小的时候就出现了，比如解开安全锁的布雷登和我的儿子约翰，以及长大后懂得开锁的理查德·费曼和当年晚开口说话的我的大学舍友。组装的愉悦，在凯文和比利，以及小时候的爱因斯坦身上和其他人那里都显而易见。

有时候，评估者并不是缺乏专业的能力，而是缺少对孩子敏感的鉴别能力。不止一位家长向我描述过他们经历的一些粗鲁的神经科医生，硬生生地从父母手里将孩子拉到身边，然后开始脱掉孩子的衣服，让孩子按照指令完成各种任务。孩子在这种情形之下没有做出反应，这就造就了错误的评估结果——而这些仅仅发生在几分钟之内。

即使是在人性化的情况下进行测试，非常聪明的孩子通常也会明白自己是被以欠缺某种能力对待的，这时候他们就会抵制整个测试过程。测试者甚至经常会夸大解读一些在"正常"孩子身上都很少被留意的事情。一位口语能力有限的女孩的妈妈描述自身的经历：

当我告诉医生姗妮亚是因为口语延迟前来寻求帮助时，医生就自动假定她有自闭症、发展性迟缓等问题。他们测试了姗妮亚数小时。她极其讨厌测试！她只愿意与医生合作不超过10分钟，然后她会故意忽视医生说的指示。此时，医生们就认为她有注意力短暂的问题，因为她合作的时间不超过10分钟。

在我看来，似乎每个人都拿着放大镜尽可能地从她身上找出可能有的问题。说话没有问题的孩子从来都不会被审查。可是一旦孩子不会开口说话，他甚至连走路的方式都会被挑剔。

　　这位小女孩已经会滑雪和翻筋斗,但是却被贴上了走路不协调的标签。她的妈妈有一次被一个治疗师告知要撒谎以便获得公立学校提供给发展迟缓孩子的协助时。她特别被告知不要在申请书上提及他们的女儿懂得滑雪、自己穿衣服、认识字母、能够拼写许多单字、打开安全锁、使用电脑（包括鼠标和CD机）、弹钢琴,以及分辨各种图形,比如圆形、三角形、八角形、长方形等。

　　同样的,如同测试的专家们,亲戚也会想当然地认为孩子没有做到的事情就是他们不会,他们从来不会想到孩子只是对这些被给予的任务感到厌倦或者是对测试进行抵抗。当一个亲戚让小女孩指出在一本书上的某页的几种她提到的物品时,小女孩胡乱地指了几幅画。"我知道姗妮亚只是不感兴趣,因为她感觉自己被测试。"她妈妈随后说到。但是,这个亲戚,立刻说,"我觉得姗妮亚是智力迟钝",并指出与姗妮亚年龄相同的表姐能够迅速并正确地完成这些任务。这个亲戚当着孩子的面立刻说出这些评价,就好像孩子听不懂他们的话一样。这个母亲感到很生气,但什么也没有说;她当场哭了起来。

更别说那么多不正确的评估，或者这些评估对家长施予的压力和痛苦，孩子也会变得不开心并抵制这些无休止的评估。在每一阶段的评估中，他们可能变得悲痛、生气甚至是沮丧，乃至有些人会在事后知道如何应付这些最简单的医疗检测。

说到评估，质量远远比数量重要。由公立社区学校提供的"免费"评估，将给孩子带来心理创伤，这种代价是昂贵的。更别提那些可能跟随他们数年的抹不掉的烙印，以及基于错误的诊断进行的治疗所带来的反作用。

这些烙印对父母来说也是难于磨灭的，即使在进行了另一种测试后得到与之前的评估相反的结果。卡马拉塔教授描述了自己的一次经历：

我们在星期一的时候测试了一个来自佐治亚州的男孩。他是一位晚开口说话的孩子，但是他现在已经5岁了，在表达性和接受性语言能力上完全正常。他的分数在正常分数偏低的范围，尤其是在语言理解上，但是他确实是在正常范围。他的IQ总分数在九十几分，但是他的斯坦福成就测试上的学业成就却在90%的人之上（换做IQ的分数大概是120分）。这个孩子在3岁的时候被冠以"自闭症"（他绝对不是自闭症）。一个令人备受打击的评估是：在最近一个由一位心理学家做出的评估中，这位母亲被告知她的儿子不太可能从大学毕业。根据母亲的复述，这位心理学家说"从积极的一面看，你现在可以花掉为他上大学储蓄的钱了！"。我评阅了这份报告，发现这位心理学家获得的信息与我们获得的基本一致，但是他却得出了截然不同的解释。我花了非常长的时间说服这位母亲，让她相信IQ并不是绝对的，这个心理学家的推论是含糊的。他的儿子是有很多潜能的，IQ评估包括了言语能力。多么可悲啊！

有些父母认为他们应该尽可能地多做事情。这虽然在某种程度上是可敬的态度，但是事情并不会那么完美。这会出现统计学家所言的一类错误和二类错误——也就是说相信某些事情是对的但事实上它是错误的和相信某些事情是错误的但它是正确的。我们不仅要去衡量事情的可能性也要去衡量事情的结果。我们不会因为了增加安全性而穿着盔甲在路上走路或者是开着坦克去上班。

用尽一切办法只有在这是适用方法的时候不付出代价才是有意义的。在异常聪明但晚开口说话的孩子身上，这种代价不仅仅包括金钱，有时更甚。无尽的评估和不必要的治疗可能带来消极的结果，就好像骄傲自满会带来恶果。看待事情的角度至为关键。有一些父母在18

个月大的蹒跚学步的孩子身上发现他还不会说话,于是警惕了。有一个母亲为她 9 个月大的婴儿不会发出她所说的咿哑声而担忧。这就是两种不同的角度。不是每个孩子都是一样的,甚至是孩子也不必在所有事情上都一致。标准是依据平均值建立的,但是平均值并不是说差异不存在。

比如,有文章和书籍描述"天才型学习障碍"这一类型的孩子——他们在某些事情上超前,在某些事情上落后。不断增长的研究解释了那些不符合"标准"无助地落后于现实的孩子的状况。这群"天才型学习障碍"的孩子并不是"白痴学者",而比较像是一位叫珍的孩子:

珍是一个 3 岁半大的有天赋的孩子。她在堆叠积木,比如通过积木组装模型上,以及通过绘画绘制模型上有特殊的能力。在拼图、走迷宫和视觉记忆方面的表现水平达到了 9 岁孩子的能力。珍在非语言能力上表现优异,但是在语言能力上却处于中等偏下。她在字词发音上有困难,所说的话让人难于理解。为了让别人理解她所说的话,她经常感到很挫败。她表达自己的能力只有两岁半孩子的水平。当要求她进行与听力有关的任务时,她会拒绝。珍的接受性语言能力是很好的,但是她的创造性语言能力却很差。珍的 IQ 在一个非常高的水平,分数有 175.6。

许多有学习障碍但有天赋的孩子被认为是"不合作的、不专心的、无规矩的、笨拙的和反社会的"。有些父母好奇"为什么他们的孩子,在入学前看起来那么聪明,入学后会突然变得很生气和害怕,然后不敢去上学"。我们都需要这份"好奇"——希望这只是因为学校不愿意去思考。

非常多的父母报告孩子在被不同的人或者在不同的情形下或者是在进行不同的测试时,他们的 IQ 分数会有非常大的差异。一个研究描述"一个有学习障碍的孩子在进行群体智力测试时分数是 89,但是在进行斯坦福－比内智力测试时分数竟然上升到 163"。这种巨大的变化提示我们寻求第二种意见是多么的重要,即使是在这些看起来不太重要的观点上。之后成为一名著名数学家的朱莉亚·罗宾逊(Julia Robinson),在她读高中的时候进行了一次智力测试,离正常分数差了两分。在我的研究小组中一位母亲报告她儿子的 IQ 在他 4 岁的时候是"处于一个障碍的水平",但是在他 10 岁的时候,就上升到 115 分,明显处于平均水平之上。不管 IQ 测试和其他智力测试的有效性和价值如何,对于任何一个个体在某一个特殊测试上的分数都不应当被认为是铁定的事实。

受评估的不仅是孩子。非正式的，包括专业的和外行的人比如亲戚、邻居、朋友都经常对孩子的父母和他们的家庭环境进行评价。这些评价看起来是不顾后果的，包括那些知道甚少或者甚至是无知的人猜测孩子如何被抚养的假设。比如，一个评价者告诉卡马拉塔，说他的儿子不说话的原因是在他的家里没有足够的规则——这个评估者完全都没有接触过他们的家庭，他们的家庭事实上是比其他家庭有着更多规则的家庭。一个母亲被告知他的儿子晚开口说话必然是他没有足够的阅读——再一次，一个全然没有途径获知孩子是如何阅读的评价者做出了这样的宣称，而事实上这个孩子是经常阅读的。

一个最常见的论断是晚开口说话孩子的父母或者是兄弟姐妹是如此急切地想参与，以致当事人缺少动力去说话。但是这也是无根据的说法。自然的，当一个孩子不会说话时，爱他的人肯定会尝试去帮助他，但这并不意味着这种帮助就是晚开口说话的原因。

有一些家庭里面存在两种语言，他们通常会被告知孩子晚开口说话是因为语言的混乱。就好像在其他说法中一样，并没有证据来支持这一假设。再者，当这个孩子会说话的时候,我通常获知的情况是这个孩子会说和听得懂两种语言。事实上,甚至在他们说话之前,这些孩子已经能够对两种不同语言的指示做出正确的反应。

非常不幸的是,如此无理的评论不只出现在亲戚、邻居、朋友身上,连那些应该知道更多的专业人士也时常有这种评论。

标　　签

父母经常会不可避免地考虑贴在孩子身上的标签是否正确——尤其是这些会跟随孩子数年的标签。但是,在关心一个标签正确与否之前更为重要的是标签必须是有意义的。经常,父母对被告知的标签都是闻所未闻的。比如,一个母亲写信谈论自己沉默的小女儿"被一个神经学家诊断为'有严重的沟通延迟症'"。一个学术期刊提供了关于一群口语能力比预期发展落后的儿童的评估:

这些孩子普遍存在的主要问题是他们比普通的孩子的交流要少,而且并不参与与他人的日常对话。

这是在干什么?除了说出比父母知道的多几个词的

描述，难道父母不知道他们是为了孩子晚开口说话前来评估的吗？

不少其他的标签是有意义的，但是未必适用于某个孩子。"广泛性发展障碍"经常被用在那些其实发展非常正常，有时候甚至是比平均水平更好的孩子身上，他们只是在某一个方面落后。有些时候只是单一独立的问题，却被视为是"广泛的"。有时候孩子的问题只是外人所宣称的，因为他在家里情况良好，家人跟他相处也毫无问题。

广泛性发展障碍时常被说成是或拿来"对号"于自闭症。但是，在自闭症研究中的一位领先的学者、圣地亚哥自闭症研究机构的伯纳德·林姆兰（Bernard Rimland）医生，认为这个名词是"模糊的"和"混淆的"，并认为这个名词应该"被停用"。他说父母"希望在真相被知晓的范围内知晓真相"。并补充到："如果我们不知道什么标签适合孩子，那么我们可以当面告诉他们，而不要用看似科学的标签来掩盖我们的无知，好像我们知道那些并不知晓的事情。"关于自闭症的普遍性，林姆兰医生说："最近几年自闭症变成一股风潮，这个词被过度使用了。"

如此直率的说法，竟出于一位已经专门在自闭症领域研究数年的学者。令人真正震惊的是，有如此多的人对这个其实并没有人真正了解的领域表现出了一副什么都知道的态度。

另一个经常被使用的标签是"注意力缺失多动障碍"。这个标签如果不仔细定义和选择性地适用，就会变得好像番茄酱一样可以涂在任何东西上。但是在一些案例中，这可能就是指一个聪明的孩子对一个迟钝的老师或者是没有挑战性的材料感到厌烦。但是这些孩子很早就被进行医学治疗，而不是作为更具有灵活或天才头脑的人经由教育途径提高注意力。

孩子在尝试使用利他林（一种治疗多动症的药物）之前，更好地建议可能是转换班级或者是转换另一所学校。一些父母报告在孩子仅仅只是换了一个更好的老师或者是一个更好的学校环境之后就发生了神奇的变化。

不幸的是，公立学校的老师通常智力较为平庸——一份数十年的研究如此记载，这往往是异常聪明的孩子寻找挑战的环境的主要障碍。虽然有不少人争议于教导一年级或者幼儿园的孩子不需要具备许多知识，但是这种观点忽略了知识指导的重要性，即使是在小学教学中知识指导也是需要的。尤其是对特别聪明的孩子，他们或许会着迷于数学的逻辑，但可能会对那些没有知识指导的老师设计的愚蠢"活动"和"计划"感到厌倦。

某本畅销的家长手册为口语发展延迟的孩子提出一系列的"警告提示"，其中有一则表示这样的孩子是借助"姿态或声音表达自己的需求"。如果他们不会说话，他们还能做些什么呢？与这本畅销书的宣称恰好相反，某位担任普渡大学听觉和口语科学系的主任报告研究发现"那些正常发展语言能力的孩子，会积极使用手势来协助交流"。

像"失语症"或者是"阅读症候群"都有其特有的意义，不过至今为止，它们的使用范畴远远超过本身所代表的意义。官方的《心智障碍诊断和统计手册》通常是像呈现科学实证的方式那样展示，而非是通过一份包括各种确切的事实和流行理论的综合册子的方式来呈现。

或许比一些标签模糊不清的本质或其应用在某个孩子身上是否恰当更糟糕的是，这样的标签的不可磨灭性会跟随孩子数年甚至是数十年之久；会随着孩子进出学校的系统。向家长保证这些标签的"正确性"，也许恰恰意味着这些标签并非恰如其分。

机密性不等于匿名性。保证这份信息不会给任何一位"未授权"的个人或者机构查看,是完全没有意义的,因为任何一个查阅这份信息的人都会被标签为"被授权"。如此的保证只是在重复表明,文件只会给那些拿来看的人看。卡马拉塔教授总结了这种情形的真相,并向父母建言:"根本没有所谓的机密档案这回事"。

第六章 早期干预

"早期干预"包括尝试让孩子学会说话的各种选择。这里有另一个经常被儿科医生提及的选择,因为儿科医生通常发现这些孩子并没有医学上的问题而且这些孩子异常聪明,这个选择就是让孩子顺其自然发展。这也正是汉密尔顿(Hamilton)教授在我的孩子不会说话时建议的。显而易见,事情取决于特定的孩子和特定的环境。不幸的是,对于一些狂热的人,"早期干预"并不是一个可以拿来和其他选择相权衡的选项,而是一场战争的口号。但是,研究晚开口说话孩子的科学家和学者获得了更多测量上的结论。例如,一个著名的英国作者观察到:

一方面,尽早加入治疗似乎能够帮助孩子在入学前克服困难。而另一方面,障碍也可能自然消失,而治疗却会带来更多的问题,甚至导致老师的低期望、父母的焦虑和孩子的自我觉察。

4年前《晚开口说话的孩子》一书刚刚出版,我在书中指出"早期干预"并非是一直有效,有时甚至会带来伤害。于是招来了前所未有的谩骂,当中也包括那些甚至承认自己并没有阅读过这本书的人。当我在那个报纸专栏上写到"我们没有必要全盘否定或赞成早期干预。任何事情都要取决于特定的条件和特定的孩子,要个别分析"。然而,批评并没有消散,反而引发了更多的愤怒,他们纷纷给我写信。至少有一封来信,与我的专栏一并刊登了出来。

除非"早期干预"是万灵药,要不然常识也会要求我们根据个体的具体情况去考虑早期干预的利弊。没有一个负责任的父母会在孩子过了两三岁甚至 4 岁还不会说话时,对其放任不管,即使一些口语治疗师和专家已经表明早期干预可能毫无作用。在经过医学和智力测试后,获得的最好的医学建议可能就是"什么都别做",让这个孩子顺其自然的发展。在我听说过或者见过的晚开口说话的成人中,没有人接受过早期干预,其中也包括很多最后成就卓著的人。

更值得担忧的严重问题还不是短期的言语延迟,而是别的。这些需要我们马上去关注,越早越好。非常不幸的是,"早期干预"是一个可以涵盖各种不同行动、项目和技术的名词,可以由各种合格或者是不合格的人操纵。其中的一部分人和一部分计划会给特定的孩子带来非常大的伤害,而其他不在此列的人则算是幸运的。

如同在第三章所看到的那对阿拉巴马州的双胞胎女孩,她们被转移到一个有很多问题孩子的班级,结果,她们的学业发展被完全忽略了若干年,尽管她们在家能够完成更高水平的活动。加利福尼亚的比利则被归入到自闭症孩子的行列。亚利桑那州的约舒亚仅仅在加入了一个为了学习障碍孩子设立的特殊班级后就出现了戏剧性的倒退现象。纽约的安迪在离开一个特殊的班级后突然就开口说话了,他的妈妈描述这个班级的老师是她所见过的"最粗鲁、最恶毒和最不敏感的"人。在《晚开口说话的孩子》一书出版后,我收到很多父母的来信,他们都在讲述着相似的故事。一个母亲在网上用"绝望"一词来形容自己,她有一个5岁的晚开口说话的孩子,在孩子参加言语治疗训练后喊道"说话,说话,说话啊,哑巴"。当妈妈要用课堂上的一套来训练他的时候,他变得非常具有攻击性。另一对父母说,他们儿子的言语治疗是在家里进行的,当儿子看到治疗师来了就会迅速地跑到另一个房间。所有的这些都与我儿子接受言语治疗时的情形大相径庭,一位来自伊萨卡学院的出色的女士对我的儿子进行言语治疗,我和孩子的母亲在旁边用单面镜观察了全过程。

1997年8月的时候,有一位在德拉斯的母亲给我写信说道:"我儿子在参加了语言治疗训练后非常沮丧,且已经持续了长达6个星期,我就不再带他参加这个训练了。我深深地感到这样的训练是弊大于利。"然后,她转到了另一个不同的言语治疗培训,要求是在她家并且有她在场的情况下进行,并坚持"课时只有在孩子愿意参加的时候才持续,而且必须是有趣的和积极的"。另一个母亲的孩子被安置在自闭症孩子中间,结果看到孩子因为周围自闭症孩子们时而冷淡时而暴力的行为而感到害怕,并且变得比其他正常孩子更加回避。

再次强调,"早期干预"涵盖了好的、坏的和丑陋的部分,所以我们不能全盘否定或者支持。所以也不必在意有人拿着一本指导书,严肃地对父母说,"寻找帮助你并不会损失什么"。如果你不多加小心和谨慎对待那些饶有兴趣向你推销干预的人,你和你的孩子会损失惨重。

认为我们需要对"早期干预"提高警惕的并非我个人的一己之见。1997年三四月间有一位母亲为《家庭生活》杂志撰写了一个关于她的女儿是如何克服言语困难问题的专栏,之后便有来自加利福尼亚州和田纳西州的学校心理学家给编辑写信，表示"早期的确诊和治疗是危险的"，需要我们警惕，同时提到如果让孩子"像这样"解决问题可能会给他们的发展带来悲剧性的后果。这个心理学家是如何在没有见过这个女孩之前就知道这个孩子是按照何种方式进行干预的呢？这也就意味着有一些专业人员在缺乏充分了解的情况下就做出了草率的定论。非常多写信给我的人批评到，有很多人在还没有目睹的情况下就随意地做出诊断，不仅是我在书中所提到的那些孩子身上，还包括非常多其他的孩子和成人，比如微软公司的比尔·盖茨，就曾被"专家"诊断为是自闭症孩子！

即使从口语治疗的亲身经历和小组中许多父母的讲述中，已经了解到那些无所不知的独断，但我依然会从著作发表后收到的信件中震惊地发现，还有那么多"专家"愿意去做出一些可能会影响孩子未来发展的诊断。

尽管学校的会议会决定将一个孩子安置到某一个班级，并称之为"个体教育计划"会议，但他们所做的往往就是用孩子填满这些现存的计划，而非真正地个别对待这些特殊的孩子。而且，法律条款虽然赋予父母拒绝这些特殊标签或者特殊计划的权利，但并没有将这明确告知父母，这可能就会让父母相信他们除了跟随"专家"

就别无他途。

某些形式的早期干预确实妨碍了孩子,而更深入和长期的伤害可能会影响到孩子的自我意识和他与家庭的关系。在他还没有准备好要开口说话的时候,不停遭遇被要求说话的境况,这可能传达着一种父母对他很失望的信息。有一对因为女儿晚开口说话而陷入绝望之中的父母,在某一个晚上,两人彼此抱怨着并难过伤心起来,以为身旁的小女孩听不懂且也理解不了他们所说的内容。然而之后这个小女孩慢慢地走到他们身边,说出了第一个词"对不起"。需要注意的是,并没有孩子需要因此而感到歉意。

有一个母亲——并不是我们小组的成员——写信告诉我,阅读《晚开口说话的孩子》一书"让我在 62 岁的年纪感到心存感激,因为我没有让我的孩子被'专家'包围"。她的女儿在 3 岁半的时候都还不会说话。然而,她的父母"并没有因为安没有说话而变得紧张,我们也没有让她在日常照顾或者是学前教育中受到任何'专家'的帮助"。现在安已经 30 多岁了,是一个注册会计师。她的父母都是工程师。

另一位并非我们研究小组成员的母亲来信表明,和遵守学校的常规相比,促使学校为特殊的孩子安排适合

他的教育环境绝非易事:

> 我无法告诉你,当我参加特殊教育计划并请一个外部教育家做评估的时候,引起了我怎样的冲突。他们声称只要我的孩子贝丝获得一点帮助就能够参加正常的班级。你可能会认为我伤害了这些老师。我让贝丝在常规班级里重复在幼儿园的所学。这样做让正在进行的会议陷入混乱,甚至他们都停止了会议,然后说,"那我们之后再召集大家来商谈"。负责贝丝入学安置的教育者在干预的几个月里什么都没有做。我在那期间拜访了当地两所小学的校长,计划让贝丝一天在一个常规的幼儿园参加暑期学校,一天在一年级班上学,而且成功地与那所幼儿园确定了她秋天的入学资格。她从此就变得一帆风顺并通过自己的努力得到了回报。而教育家们又被再次召集,因为我呈现了一个可行的办法。校长观察了贝丝在幼儿园和一年级的表现后,幼儿园的老师也同意对贝丝进行教学,至此制度已经尽其所能。上帝帮助了那些不能很好地与教育系统协商的父母,或者是那些因为担心被过度威胁而不敢去协商的家长。

奇迹治愈了非常多晚开口说话的孩子,无论是在那些非营利性的组织还是私人商业性组织中。在父母被这样或那样经"研究证明"的效果说服时,要知道的是,这些研究通常是由那些执行项目的人或者是顾问亦或是那些与项目有关的人进行的。尽管这样的研究可能被发表或者是被一些知名的出版物所引用，但是这些研究的最初来源决定了这是客观的科学研究还是欺骗性的广告。

尽管我收到过很多来自晚开口说话孩子的父母们表达赞许的感人信件，但是我也收到过一个孩子最终被诊断为自闭症的母亲咒骂我的信件，谴责因为我导致她的孩子没能尽早接受治疗：

你的文章给读者带来了伤害。我第一次阅读的时候，就想我的小男孩可能仅仅就是一个晚开口说话的人。但是，医生却这样对我说。

非常遗憾，他是一个自闭症和失语症患者……

我多么希望从来就没有读过你的文章。这些让你称心满意的结果不过是你走运。对我那个6岁的儿子来说，你不过是另一个妨碍他接受恰当治疗的阻碍物。

为了避免再有人误解我所说的话，请容我再次澄清，人们不该想当然地以为任何一个孩子都会跟我书中所谈的孩子是一模一样的。在当前这个主题的现有知识并非确定的情况下，这些信息并不是充足的，而却恰恰相反：尽可能地向那些合格的专家们寻求各种真实的独立的诊断。另一种犯错的危险是，太过于依靠那些学校提供的个人或者群体协助，或者是依靠那些与群众有着紧密关联的专家或是那些需要源源不断客源的私人项目。

下自闭症的诊断是相当危险的。患自闭症的孩子们身上的一些特点与高智商孩子身上的一些特点非常相似，而且与爱因斯坦综合征的孩子的特点也相当相似，因此，父母获得最好的和最无偏的专家评估就显得相当重要。不幸的是，自闭症的定义因为其不确定性和不一致性渐渐变成了灰色地带。自闭症的经典写照来自电影《雨人》，但这个词在理论上和实践上的意义都更广泛。政府资助和服务是这个标签一直存在的一个原因。正因为这样，那些也许并非完全具有"雨人"特点的孩子更容易被归为其中的一员。

自闭症可能与其他不同寻常的现象关联，比如自闭症症候群可能适用于或者是被纳入到其他症候群的一部分，而这些症候群的其他构成与自闭症相关的严重的社交问题并没有关联。简而言之，并没有科学的确证去分辨这些症状的不同特点。这种情形对于父母来说有可能是雷区。但是，有时候我们必须越过雷区。此时选择一个可信的引导至为关键，我们宁愿不要一个大而化之的标签，也要一个对孩子高度具体的诊断和预测。

导致孩子晚开口说话的原因可能非常多且迥然不同，包括耳聋、智力障碍和自闭症，概括它们可能对任何一个孩子的父母来说并不会非常有用。那些评估晚开口说话孩子的人可能要注意，晚开口说话的孩子通常比"普通"孩子在智商和学业能力上水平要低，而且如果在随后几年再去测试或者评估的话，可能会有更多的问题。然而，打破这个领域的研究是对之进行的不同分类，包括（1）那些不会开口说话或者是在别人跟他说话时也不能理解的人；（2）那些能够很好理解对方的言语仅仅只是不肯开口说话的人。对此进行的解释通常说后者的发展要比前者好很多。

英国一个对晚开口说话现象的研究发现，那些在3岁半时只有不会说话这个问题的孩子在5岁半时的表现相当好，这样的情况大概占据了3/4。但是，那些既不会开口说话也不能理解别人话语的孩子在5岁半时表现良好的就只有14%。新西兰一个研究也发现了相似的结果，那些在3岁时仅仅只是不会开口说话的孩子"在随后出现别的问题的概率是比较低的"；而那些既不会说话也不能理解别人话语的孩子在随后出现别的问题的风险是比较高的。

这些惯有的模式可能给归类的视角带来帮助，虽然它们也并非是对任何一个孩子的定论。了解这些模式可以帮助父母拒绝那些努力促使他们参加特殊项目并声称晚开口说话意味着将遭遇大麻烦的人。但是，那些能理解对方的话语、只是晚开口说话的孩子通常的结果是好的，但这也并不意味着所有这类孩子都是这样。同时，也并不是说那些既不会说话也不能理解别人话语的孩子就一定会出现更多的长期问题。克拉拉·舒曼就说她在4岁的时候既不会开口说话也不能理解别人的话语。

即使一个晚开口说话的孩子的言语发展能力会顺其自然地发展，直到能够正常说话，但是其中所花的时间和带来的副作用需要我们认真思考。我研究小组中的父母常常在孩子两岁半的时候就会因孩子不会说话的问题而过度紧张。但是要知道，这些孩子开始会说独立词语的平均年龄通常是4岁，这也就意味着这些父母需要花两年的时间去焦虑地等待和期许。

这种巨大的压力对于任何人来说都不会是一件好事，而且这可能会影响孩子和父母之间的关系，带来持续的后果。这也会影响夫妻之间的关系。在我的小组中有两个离异家庭，对孩子评估的巨大差异被认为是父母离婚的一个重要原因。我研究之外的一个父亲给我打电话，告诉我《晚开口说话的孩子》一书挽救了他的婚姻，因为他和他的妻子在对待晚开口说话的女儿上就是一无所知,或者是在对于是否接受悲惨的诊断结果上存在着争议。在他打电话来的时候,他的女儿已经会说话了,并在学校适应良好。

如果孩子因为不能跟人交谈而在社交环境中养成了退缩的习惯,那么孩子的社会化发展可能会受到持续的影响。尝试去增加孩子的词汇量也可能会造成口头语言习惯的学习困难。1925年对一个晚开口说话女孩的研究发现:

虽然她能够使用很多恰当的词组,但因为强迫的习惯,她仍然会出现一些错误的使用。她的语言的发展是"头重脚轻"的,她增加词语的速度是过快的,但是却没有同步学习句子的结构;她在晚开口说话发展阶段习得的不良习惯阻碍了她在快速发展阶段的进程。一直到她4岁半的时候,她的句子结构才被纠正过来。在她能够说话之后,她花了1年半的时间来掌握正确的句法方式,比如动词变化,将来时的使用,等等。

像这些因为不顺应自身发展而进行过度口语能力训练带来的口语问题可能会导致其他的问题和危险。最终,当孩子能够正常说话之后,他们的生活中没有人会再关心他是什么时候开始说话的。

另一个需要考虑的原则是，很多晚开口说话或者是理解能力不太准确的孩子的父母，虽然知道强迫一个可能还没发展出理解能力的孩子是不好的，但还是会将其施加在他们的其他孩子身上。如果加速孩子的言语发展能够帮助解决孩子的理解问题，那么这个孩子可能能够避免成为易受控制的人或者是那些缺乏自我原则的人，避免这些可能会给他带来持久问题的麻烦。

　　言语延迟发展带来的问题和因为采用某些形式的"早期干预"所带来的伤害相比，哪一个更大呢？这可能在那些非常关心孩子各方面发展的家长的观察之下才能被评估。即使是那些考虑非常周详的决定也可能出现错误或者是伤害性的结果。不管你的孩子是否会晚开口说话，这都是作为一个父母无法逃脱的责任。你所能做的就是尽力而为。

总结和启示

　　去评估这样一个特殊的异常聪明但是晚开口说话孩子的群体是有很多不确定性的，这个事实可能无法避免。这些孩子自身的智力和社会模式特点则是近期才被区分出来的。但是，这引起了父母很多的不必要的沮丧和给孩子带来很多有副作用的治疗。无论是在门外汉还是专家身上，草率和武断的推论都广泛存在。

晚开口说话的孩子一旦哪里表现得不寻常，这种不寻常就会迅速成为解释他们晚开口说话的原因。比如耳朵感染曾经就被用做晚开口说话的罪魁祸首，来假定听力问题会导致说话困难。这确实有时候会发生，但是这跟跳跃性地推出导致某个孩子特别的原因是截然不同的。有时候在一个家庭里面两种语言的使用也会被认为是孩子晚开口说话的原因。然而，我了解过这些家庭的情况，在孩子会说话之后，他们能够说两种语言，而且彼此不产生混乱。即使是在会说话之前，他们也能够对两种语言做出反应。一个双语的家庭并不会比耳朵感染更能引发言语延迟。

尽管没有什么确凿的证据可以说明一个孩子的语言能力延迟发展，但人们还是预设了几个可能的原因，比如孩子阅读不充分、不够有原则、过度满足孩子的要求……如此种种。母亲尤其容易成为被谴责的对象。知识的缺乏是部分问题。正如威尔·罗杰斯（Will Rogers）说的，"忽视并不是那么可怕的事情，而我们所习以为常的可能恰恰是需要谨慎对待的。"

我们必须觉察到的令人心痛的事实是有一些专家和

所谓专家喜欢扮演自命不凡的人，他们不允许被质疑，父母的第一手观察和观点被简单地否定掉。一个神经学家的匆忙诊断被质疑后，得到的答复是，他已经诊断过成千上万的孩子。但事实上有意义的是，在他的诊断中，有多少被孩子未来的发展证实当初的诊断是正确的或是错误的。并不会有太多的评价者保留这样的记录。幸运的是，卡马拉塔教授在范德比尔特大学的研究会对其小组的孩子进行追踪调查，一直到这些孩子成年的时候，这就可以第一次提供可靠的证据来说明这些"专家"有多少时候是正确或错误的。在此期间，持有怀疑精神和听取他人的意见是非常必要的。

要说评估聪明但晚开口说话的孩子不是一门科学，也许要仔细地陈述这些问题。事实上，有两个非常不同的问题：(1) 在这个新近研究的现象上目前并没有充足的知识；(2) 匆忙和独断的标签经常被使用。在范德比尔特大学正在进行的研究能够减轻第一个问题，但是要解决第二个问题可能只有依靠父母和专家更加留意不断出现的事实。

第七章　应对不确定性

晚开口说话的孩子周围充斥着不确定性，既有短期的也有长期的。为了应付眼前的焦虑和压力，父母们已经倾尽全力，似乎再没有多余的时间和精力去想如果孩子能够正常说话、智力发展正常甚至更好的情况，届时他们要面对的将是截然不同的境况。患爱因斯坦综合征的孩子们的独特能力既可以被看做是问题，也可以被看做是机遇。这一点尤其需要做父母的保持觉察，因为太多学校对于培养孩子们的特殊能力都没有什么兴趣。事实上，那些能力可能导致教育和社会的双重问题。爱因斯坦本人就曾经被当做是问题学生，被迫离开学校。

在进一步讨论长期性的问题之前，我们必须先要考虑一个晚开口说话儿童的父母们最初就要面对的问题——何时该让孩子上托儿所、幼儿园或者其他教育机构。

教育机构和社会化发展

很多年幼的孩子会因为社会化发展的需要，被送入各式各样的教育机构去，比如托儿所或者幼儿园。有些孩子则是因为父母双方都要工作而进入这些机构。不管是哪种情况，人们都应当审慎地权衡这个决定将带来怎样的得失——尤其当孩子是个口语发展迟缓的儿童时。

晚说话孩子的很多问题都是在家庭之外的地方表现出来的，尤其在那些教育机构中。这类孩子在学前教育课程上会遇到很多问题，这并不仅仅因为他们不善与人沟通，也因为他们高度个性化的行为方式经常与教育机构的条条框框相抵触。

晚说话的孩子们并不只是与那些试图给他们建立规范的大人们相处困难，和其他小朋友交往时也有问题：这可能和晚说话孩子性格腼腆有关，也可能是由于其他小朋友觉得他们不可理喻而回避他们。和晚说话孩子打交道的大人们可能给孩子或者家长带来特殊的问题，因为这些人总爱给孩子们贴标签，又或者他们根本不知道该怎么应对这样的小孩。

话说回来，为了促进其社会性发展，孩子是需要跟其他小朋友在一起的。假如晚开口说话的孩子是独生子女并且附近没有几个同龄的孩子，这一点就更为重要。然而，除了孩子的成长环境，我们也要考虑他自身所处的发展阶段。如果没等孩子做好准备就把他放到某个社会情境中，可能只会让他养成在陌生人面前畏缩不前的习惯，并且这种情况可能延续到他能够流利说话之后，若非如此，他也许早就可以适应社会生活了。

把孩子直接扔到海里并不能让他学会游泳，同样的道理，如果孩子尚未准备就绪，直接把他放到社会环境中并不能让他自动地学会社交的本领。虽然很多人强调家庭之外的社会化有多么重要，但他们对社会化训练从什么年龄开始、满足什么前提条件才能对孩子有益而不会适得其反的问题只字未提。不会说话或者言语发展大大落后于同龄人的孩子们，不仅内心会惴惴不安，还容易成为同伴们鄙视和欺侮的对象。事实上，这样的孩子还容易成为某些大人贴标签的靶子，他们动辄根据从"权威"那里学来的东西确认孩子得了这样或那样的"病症"。

长期的不确定性

截至目前,我们的关注点都集中在爱因斯坦综合征孩子的幼年时期,在那段时间里,他们要么不会说话,要么口语能力远远落后于同龄孩子。受制于这样的言语互动能力,其社会化发展也差强人意。虽然这个阶段是令父母殚精竭虑的时期,但也可能是晚开口说话的聪明孩子最终摆脱阴影的时机。他们杰出的分析能力通常是不会被舍去的部分。这可以成为孩子在教育和未来发展中的加分项,但也会是学校问题,而且相对于口语发展延迟的焦虑,这问题的影响将更为持久。

许多患爱因斯坦综合征孩子因为其不均衡的发展被老师和其他人误解,爱因斯坦本人是这样,我和卡马拉塔教授的研究小组中的孩子也是这样。有时候这种不均衡的现象表现在不同的智力领域之间——比如数学和诗歌——但更普遍的情况是表现在智力发展和社会化发展之间的不协调。总体而言,过于聪明的孩子——不管是不是晚开口说话——在学校和那些智力不如他们的孩子磨合时总是要面临一些特殊的问题。很多天才学生被错误安置在其他学生当中,这些天才学生在他人眼中是

"孤僻和寂寞的",老师和同学们认为他们"自作聪明",是"班上的小丑",是"格格不入的"。为数学早慧儿童设计过课程的约翰·霍普金斯大学教授朱莉安曾经争辩说对上述的孩子来说"没有什么恰当的方式来消磨课上时光",他们会感到非常的无聊和沮丧,并且可能养成"严重不专心的习惯"。

且不说那些由于口语发展迟缓导致的社会化问题;通常,智力超常的孩子相比其他智力水平的孩子更倾向成为"独行侠"。这不是什么新鲜事。早在1894年就有人在研究了成功人士的童年经历后发现,相比其他小孩,这些人小时候更愿意一个人玩。后来的研究发现,独自活动的情况在智商超高的孩子中尤其普遍,他们一般都比较"孤立",而且会和那些"死板或卖弄权威的人士抗争"——结果可能导致他们"蔑视任何权威",甚至包括父母的权威在内。

如果孩子在某些方面和我们的研究对象相似,智力水平远远超过同龄人,也大大超前于目前学校课程的要求,那么即便日后他的口语发展跟了上来,其面临的问题依然会延续多年。我们在天才儿童身上看到的一些负性的人格特征,就其本质来说,可能并不是孤立的特质;而是因为他们要面对的处境和常人不同,激发了他们特殊的情绪化反应。倘若把这样的孩子放到和他们的能力水平相称的教育情境中，让他们能够和很多有同样能力的孩子在一起，他们是否还会养成那些负性的人格特质就另当别论了。

研究表明，相比智力平庸或者智商稍低的孩子，那些智商超高的孩子普遍不怎么受同伴欢迎。因此，那些绝顶聪明的孩子会感到孤独并且具有情绪问题就不足为奇了。此外，智商超高的孩子倾向于跟有同等智力水平的人建立友谊——如果周围有这样的人——或者和年长一些的孩子或大人交友。简而言之，天才儿童的社会化问题似乎并非源于其本身的反社会模式，他们和同龄人的智力差异在更大程度上造就了这个问题。

被能力较差的孩子嫉妒和憎恨——有时甚至是被老师嫉恨，像爱德华·特勒小时候经历的那样——是导致高智商儿童产生社会和情绪失调的另外一个原因。此外，"学校倾向于奖励那些安安静静、乖巧听话的孩子。"天才儿童或者患爱因斯坦综合征的儿童通常都不具备这些特征。一项针对智商超过180分的孩子所做的研究中，呈现了很多他们跟资质平庸的老师们发生冲突的片段。

分清楚孩子的特殊行为到底源于他对特殊环境的不适应还是由于其自身的原因是非常困难的——可能也无

法实现。这种特殊的情况包括晚开口说话的孩子或者是高智商儿童,当然,如果某个孩子既聪明过人又较晚开口说话,情况就更加复杂了。

过于聪明的孩子在学校不仅会面临特殊的社会问题,也会遭遇一些特殊的学业问题。显然,这也不是什么新闻。1942年的研究发现,超高智商的孩子"会觉得学校平淡无奇或者明显感到厌恶,因为他们发现那里没有一件事情是吸引人的"。甚至,这些孩子的特殊才能可能被白白浪费掉,因为他们只是"在懒散和做白日梦中度日"。他们在学业上不费吹灰之力,也让他们养成了可以"不劳而获的观念"。所以,他们并没有为开发潜能培养起必要的学习习惯和自律的品质。

人们发现,智商140分的孩子用一半的时间就能"掌握小学阶段要求的所有脑力课程"——当时是1942年,距离60年代美国开展"简化课程"的教育改革还早了几十年。更新一些的研究表明,参加约翰·霍普金斯大学暑期项目的早慧儿童用3个月的时间就能够完成高一全年的学业。

尽管孤独和情绪问题是高智力人群在童年期和青春期通常都会面对的,但这些问题到了成年后就变得没那么普遍了。成年期的状况之所以不同,是因为到这时,他们"可以遇到和自己一样的人了"。温纳教授在她关于天才少年的研究中这样说到。小时候和什么人交往很大程度上是由他人安排的；成人后，他们可以自由地选择进入什么领域、做什么职业、参与什么活动，于是和他们接触的人就没有那么大的智力差距。

在学校也可以采取类似的办法减少孩子在上学期间的智力差异，但是却很少有学校将之付诸实践，尽管那样做将会带来教育和社会的双重获益。有几种途径可以减少聪明孩子和普通孩子的差距，比如允许个别孩子跳级，或者把智商超群的孩子集中到一个班级中，结合其智力水平的特点进行教育。还有一个折中的办法是，让那些天赋异禀的孩子在某一门课程上跳级——比如数学——然后和同级的同学一起学习那些他不太占优势的课程。

可惜，对于所有这些可能促进天才学生施展才华并且改善其社会适应问题的方法，教育单位却拒之于千里之外。即便学校成立了所谓的"天才班"，其教学内容也没有加快进度或者加深难度。绝大多数时候，设计该项目只是为了讨好教育当局，所做的不过是给学生加大学习或社会活动的分量而已。

尽管大量教育界人士都宣称"让个别人提速"或者

"按能力分班"可能造成社会适应不良,但实证研究表明,这话并不可靠。一位学者在回顾了很多以往的研究后总结道:

> 我看过超过两百篇文献报告了超前学生的学习经历,内容都表明这些孩子能够应付比当前课程超前几年的学习挑战。他们当中,有些孩子被批准提前进入幼儿园或者直接升入小学一年级,一些学生跳了一级甚至更多年级,还有一部分学生在高中时通过修读课程获得了大学积分,从而可以提前进入大学读书。没有一个研究证明这样的经历会令他们遭受重大困难。事实上,这些证据似乎更能说明这样一件事,即允许学生依据其能力先行一步的做法对他们的社会和情绪发展是有好处的,而非对其造成伤害。

一些孩子在参加了普度大学为天才儿童开设的暑期特殊项目后,感激之情溢于言表,与在暑期学校和他们平常念书的学校所要忍受的痛苦对照,无论在学业方面还是心理方面都形成了很大反差。这一实证提示我们,为孩子提供符合他们需求的教学环境可能带来巨大的好处。

让一个高智力水平的孩子去适应普通孩子的节奏,被迫放慢脚步并且学习浅显的内容简直是在浪费他的潜能。这可能对其智力发展和社会性问题造成长期不良的影响,后者已经引起了人们的注意。在智力方面,给能力突出的孩子提供简单的课业既不能让他培养起良好的学习习惯,也无法让他学会坚强地面对困难。一位学者曾经这样说:

如果事情全部来得太容易,孩子就会以为不劳而获是理所应当的。日后当面对挑战或者一个连普通学生都能从容应对的细微失败时,他也许就会变得焦虑并且灰心丧气。而遭遇逆境则会带来更严重的影响,他们可能逃避困难、自卑,甚至无法完成大学或研究生的学业。

过于简单的课业往往容易导致孩子养成心不在焉的习惯。当面对远远落后于自身智力发展水平的教材以及缓慢的学习进度时,这些孩子很容易因为表现得厌烦和躁动不安而被贴上"注意力缺陷多动障碍"的标签或者别的术语。

不论多么不情愿,躲不开的事实是,许多教育者受制于人类一般发展规律的羁绊,拒绝为天才少年提供特殊化的教育;有些人存在反对"精英主义"的意识形态偏见;或者,人们对那些游离在主体教育对象之外的孩子缺少同理心。嫉妒和憎恨也可能是导致教育机构不愿意配合这些聪明孩子的一个因素,因为他们对其他类型的脱离常规的孩子也能照顾得挺好,但对这些孩子却时常感觉困难。

家长们在为孩子物色合适的学校、班级和老师的时候应当审慎考虑,尤其要小心地避开那些为了让孩子适应既有的教育环境而不惜使用药物(比如多动症药物)的情况。那样可能带来的危险不亚于传说中的忒斯之床——将躺在上面的人削足或拉长以适应床身的长度。那些会用药物来对付孩子的人为了迎合刻板的教育系统,不惜冒险残害孩子的头脑和心灵。

然而,有些时候问题也不仅仅出在教育机构和专家身上。家长自己有时候也会有些呆板并且不切实际的期待。一位母亲在网上评论我的那本《晚开口说话的孩子》一书时这样写道:

> 我的儿子也很晚才开口说话。4岁之前他都说不出一句能让人听懂、符合文法的句子。他的右脑很发达,很像索厄尔研究小组中的孩子。但是很重要的一点是,他没法像玩电脑、下棋、拼东西、做姐姐的数学题那样轻车熟路地从事阅读。我可不觉得这是一件小事。我多希望他能像对待电脑一样热爱文学、诗歌和戏剧。对于说话晚的孩子,不能仅仅因为现在可以好好说话就觉得万事大吉了。

看到这位有一大堆要求的母亲，我们只能替她的孩子感到难过。也许她要的是一个由工厂量身定制、瞬间就可以变成文艺复兴式人物的儿子。她采用的表述甚至不是说儿子的阅读不够好，而是说儿子的阅读不能和他在做数学、用电脑、下棋时表现得一样好。想必没有什么人能十八般武艺样样精通，不管他是不是晚说话的孩子。好在，大多数父母还是乐于让孩子发展各种不同的兴趣和特长的，因为大部分的孩子和成人都是这个样子。很多眼下正沉浸在深切忧虑中的迟语儿童的家长们，等到日后迎来孩子的蜕变时想必都会感动得难以言表，上面这位抱怨连连的母亲亦会如此。

养 育 心 得

对于口语发展迟缓的孩子来说，发生在教育机构里的与之相伴随的日常问题和压力，远比在家里尖锐。然而，即便在家可以有妈妈全天照料，身边也有同龄的小玩伴，鉴于人们普遍的教育观念，父母们还是会把孩子早早送入教育机构，这可能是在没有审慎地考虑周全的情况下做出的决定。

没有人会知道我们研究小组中的这些孩子日后将会

怎样。有些人或许会发展为普通的成年人。有些人的问题可能持续一生，即便在学会说话之后。当然，还有一类人——可能占大多数——最终将会取得卓越的成就，如同那些比他们年长的孩子一样。待到所有问题都得以研究了，恐怕要到第三个千禧年了。而即便到了那个时代，育有特殊孩子的家长们依然无法预知他们的未来发展。同样，那些所谓的"正常"孩子未来将会怎样，家长们也是说不准的。所有的一切都要建筑在爱和希望之上——这是一条有迹可循的绝佳之路。

后记　相关的思考

关于这项研究，有这么一些想法和启示值得考虑：

1. 这些特殊儿童是怎么被发现的，他们又是什么时候开始被研究的？
2. 诸如口语治疗师等专业人士对这项研究的发表做出了怎样的反应？
3. 除了针对那些说话晚的聪明孩子之外，这些发现有什么更广泛的启示？

本研究的起源

有关聪明但说话晚的孩子的系统研究开始于20世纪90年代，以我的书——《晚开口说话的孩子》为开端，其后范德比尔特大学的斯蒂芬·卡马拉塔教授让这项研究在更大规模上得以开展。早在1974年，西尔玛·威克斯（Thelma Weeks）就写了一本名为《一个聪明小孩的迟缓语言发展》的书，介绍了这样的一个女孩。而在将近此前半个世纪的 1925 年，就有一篇关于另一个这样的女孩的文章。然而直到 1997 年《晚开口说话的孩子》出版，才有了关于一整群这样的孩子的研究。

为什么这样一群特殊的晚说话孩子亚群在此之前没被发现呢？一个可能的线索是，我撞见他们的方式是极其偶然的，并且直到很晚才意识到他们除了言语发展滞后之外还共享其他一些特征。

我对那些说话晚的孩子的开始研究不光非常偶然，甚至都不太情愿。1993 年 5 月，当我儿子从大学毕业的时候，我在一个多处同步发行的报纸专栏中写到他，说他直到将近 4 岁才开始说话，并提到他的不同寻常的分析能力和非凡的记忆力。

此后我开始收到全国各地的来信，这些信写自那些与我儿子有着非常相似特征的孩子的父母或祖父母。

他们想要我告诉他们为什么看起来那么聪明的孩子晚几年才会说话，以及他们对此能做些什么。可惜我什么也告诉不了他们，但鉴于我有类似的经历，我能理解他们的忧虑感受，于是我回信说我会去搜集一些关于这些小孩的书籍或文章，或许他们可以读读。然而，有很多意外的事情在等着我，首先一个便是，根本就没有这样的书籍或文章。文献中有很多关于一般性的说话晚的孩子的论著，但我和研究助理没有发现任何一篇是针对那些晚说话的聪明孩子的。

起初我以为我们只是找错了地方。但不管是手动检索还是借助于电脑进行检索，几个月下来都毫无斩获。后来在著名的语言学权威——麻省理工学院的史蒂文·平克教授指导下，我们重新检索了一次，但结果还是如此。平克教授还在其他方面给予了我一些善意的帮助。

直到1993年9月，我不得不承认我开了一张空头支票。然而，我并没有对那些忧虑的父母们置之不理，而是给了他们一个经由我互相交换通讯地址的机会，这样一来他们就可以彼此分享各自的经历，至少不会再有那种孤立无援的感觉。很多父母都曾经承受过这种孤立感，当我儿子迟迟不会说话时我也如此。于是，一个由数十个家庭组成的非正式组织便形成了，这个组织后来发展到55个家庭，分散在全美的24个州。当听到别的父母说自己的孩子也曾经如此但其现在已经长大了而且表现很好时，那些自家孩子尚在迟缓地学说话的父母颇为释怀。

在阅读这个群组内部流通的众多信件以及偶尔和父母们通电话的过程当中，我隐约感觉到他们并不是一个有广泛代表性的典型群体，他们的孩子也并不怎么典型。但是，这仅仅是我的一个笼统印象。直到几个月过去了，我才决定对这个群组做一个调查，看看是不是能在其中发现什么模式。

如果说有什么具体的事件让我转换到这个思路，那便是有一次一位母亲不经意提到她丈夫是海军陆战队的一名飞行员。我最近又正好知道其他一些说话晚的孩子家庭中也有一些飞行员；于是我突然意识到，对于这样一个小规模的组群来说，飞行员的数量似乎很庞大。调查结果出来后，谜题的答案并不是飞行员，而是工程师。这个发现对我冲击尤其大，因为我兄弟就是一名工程师。

现在既然我手头有数据表明在这些孩子以及他们的家庭中间都存在着不同寻常的模式；对于我来说，这似乎是一个应该交予在该领域有专长的人进一步研究的问题，毕竟我自己所接受的唯一的专业训练是经济学方面的。然而，经过数个月努力，我还是无法找到一位对该研究有兴趣的医学界、科学界或其他领域的权威人士。

在众多徒劳无益的尝试中，我也有一个收获，那便是我看似最行不通的行为，给一本畅销书——《语言天赋》的作者写了一封信。这位作者就是麻省理工学院的平克教授，结果他对我有巨大的帮助，包括同我讨论我的发现的一些可能的意义，并让他的一个研究生给我寄了一份加了注解的相关科学论著的参考书目。

这些论著以及同平克教授的讨论支持了我自己之前在阅读脑研究有关材料基础上得出的初步结论。平克教授的参与给了我继续前行的信心，而不必担心我的那些信念可能仅仅是一个在头脑中想着"天底下没有免费的午餐"的经济学家的本能的思维偏差。此外，神经科学家往往将存在于拥有高度智慧的人群当中的其他一些异常归因于脑资源在各种智慧用途中的不成比例的分配；这个事实意味着我也许可以将聪明孩子滞后的言语发展视为相似的一种模式；而不需要我自己做出多大的原创性努力。

因为孩子说话晚可以有各种各样的原因，所以是否大部分言语发展滞后的孩子都符合爱因斯坦综合征的界定就成了一个非常值得斟酌的问题。那些符合界定的孩子可能淹没在那些不符合界定的孩子的汪洋大海当中。如果不是因为偶然，很难想象这样一个特殊的孩子群体怎么可能被发现出来。只是在很多父母对我那篇关于我儿子的报纸专栏给出回应之时，这一类孩子才从那些因为其他原因言语发展滞后的孩子中间被甄别出来。

我最终意识到，如果要对这群孩子做一个研究的话，那就必须由我自己来做。1996年，在做了更多阅读的基础上，我给参与这个群组的家庭寄出了一份更长也更全面的调查问卷。我的那本书就是在那一年写的。在该书的第一页，我以一个坦率的声明作为开头："我并不是一个拥有科学或医学专长的人。"

我后来在报纸或杂志文章中发表的关于类似孩子的讨论，促使更多有这类孩子的父母主动联系我或者是联系范德比尔特大学的卡马拉塔教授。1999年3月17日播出的一期关于这些特殊的晚开口说话的孩子的《换日线》专题节目让我和斯蒂芬·卡马拉塔收到了又一波来自这类孩子的父母的讯息。简而言之，这些最终为我们所知的孩子是一群经过了父母预先筛选的孩子；并不仅仅因为他们言语发展滞后，很多情况下是因为他们表现出了现在被归纳为爱因斯坦综合征的其他一些特征。

我们不确定这种情况是否可能在除最近之外的其他历史时期发生过，也不清楚它在当今世界上的许多其他国家是否可能发生。比如说，我们考虑一下在这类孩子的家庭中出现的不寻常的职业模式。大多数拥有成为工程师、数学家或科学家天赋的人直到最近才有足够的机会接受高等教育，并最终使这些天赋成为现实，即使在美国也是如此。因此，在那些患爱因斯坦综合征的孩子的亲戚中发现的那种引人注目的职业模式不太可能在除最近两代人之外显现出来，即使在美国人当中也是如此，更别说在那些高等教育仍然仅局限于一小部分精英群体的国家了。

不管这个过程是多么偶然，既然这些孩子现在已经进入了我们的视野，就不仅要对他们进行更深入的研究，还要进一步将已有的这些知识传播给广大的父母以及同孩子打交道的各行各业的从业人员。考虑到基层从业者往往会对新信息非常抵制，因此让其父母知晓迄今已有的发现以及从卡马拉塔教授正在进行的研究中不断浮出的新结果就显得尤为重要。卡马拉塔教授的研究会一直追踪这些孩子直到他们长大成人。

专业人士的反应

行内从业人员对《晚开口说话的孩子》中的那些发现有什么样的反应呢？

人们的反应差异颇大。耶鲁大学医学院的萨莉·施威茨（Sally Shaywitz）教授、约翰·霍普金斯大学的朱莉安·斯坦利（Julian Stanley）教授以及麻省理工学院的平克教授非常慷慨地给予了赞扬。极不友好的回应则来自一大批口语治疗师和社会工作者,他们当中有些人承认他们没有读过那本书。在一家口语发展专家的网站上也充斥着不尽相同的反应。某位在马萨诸塞州的艾尔姆斯学院教书的人士于1997年7月在该网站上发布了这封电子邮件:

我只是想提醒一下大家,《换日线》正考虑就托马斯·索厄尔的《晚开口说话的孩子》一书做一期节目。索厄尔是一名经济学家,他似乎并没有就此咨询过专家(或理解他们所说)。他似乎认为有自闭症(广泛性发展障碍)的人无论如何都不可能是聪明的,因此像他儿子这样的很晚才会说话、缺乏社交技能但分析能力却很不错的人根本不应当被贴上这样一个标签。

她力劝其他人跟《换日线》联系,并给出了那边的电话号码和传真号码,试图以此来反对我的"误解"。幸运的是,这封邮件被时任麻省理工学院某认知神经科学中心主任的史蒂文·平克教授看到了。他说这些针对我的非难是"不公平的",并解释了为什么:

索厄尔在他书中的第一个句子中就坦白了自己不是一个专家。他咨询过专家,并且引用了关于言语滞后、自闭症、性别差异、禀赋以及数学和空间能力发展的主要文献。他并没有认为那些社交技能不足但分析能力超常的说话晚的孩子不可能患有自闭症。在第二页，他写道："有一些孩子确实符合这样一些标签（发育迟缓、自闭症、广泛性发展障碍），因此我并不想给予这些孩子的父母（或其他父母）错误的希望。"但有一点他显然是对的，那便是这个世界没有道理视他儿子以及和他一样的其他孩子为自闭症患者，除非这个术语被扩展到包括任何分析式技能高超但社交技能低下的人（这样的话，在我的本科生中有1/3的人以及我们科学界的许多同事都要被贴上自闭症的标签）。

尽管针对我所说过的话的曲解和误解仍源源不断地从大量行业渠道中涌出来，但相比之下，最令人沮丧的反应或许还是根本不予理睬。我曾经自己掏钱购买了超过两百本《晚开口说话的孩子》，并把它们寄往全国50个州以及寄给一些外国的专家。结果表示说收到了书的人却不超过6个。这个事实与从其他渠道浮现出的情况是一致的：许多专业人士，尤其是诸如口语治疗师和社会工作者这样的在学校工作的半专业人士对新信息关注极少或根本就没有兴趣。他们更关心的是捍卫他们的固属领地以及他们之于父母的影响力。

这本《晚开口说话的孩子》提到了很多事例，证明那些与晚说话的聪明孩子接触的人是怎样做出错误的诊断以及怎样奉行适得其反的教条主义的。对于某些人来说，对这类事件的披露会令其产生职业上的威胁感，因此，本书显然不会符合他们的立场。他们充满敌意的回应往往置事实真相于不顾。

这些不友好反应在1999年12月21日达到高潮，当时美国言语—语言听觉协会（American Speech-Language Hearing Association）发布的一期报纸，宣告了一场以我在专著和报纸专栏中的观点为批判对象的有组织的笔伐运动。美国言语—语言听觉协会的主席给全国各地的报纸编辑写信，声称我"仅仅基于他儿子的经历便得出了那些结论"。这只是口语治疗师针对我的书和专栏做出的诸多可证伪的错误陈述之一。

又如，一位很不友好的评论家声称，在我的研究中，孩子的"近亲"包括了堂亲和表亲，在这么大的一个亲戚群体中，音乐家和从事分析性职业的人的数量并没有多到超出寻常的程度。倘若我确实把堂亲和表亲包括了进来从而导致了一个更大规模的亲戚群体的话，他的这个说法也许讲得通；然而事实上在我的研究中没有任何堂亲和表亲被计算在内。

另一位批评家亮相于《换日线》1999年3月17日的节目中，声称我发现那些孩子的亲戚具有不寻常的职业特征所凭借的那份问卷当中"并没有问家庭中有多少其成员是作家、艺术家或在社会科学领域工作"。这个说法无论如何都是具有误导性的。我的问卷只是以填空的形式让父母填写自己的职业。他们当中确实有一位艺术家和一位作家。只是在问到其他亲戚时我才罗列了具体的职业让他们勾选。我所罗列的职业都是父母们曾经在交谈和信件中提到的那些。

对于家庭成员职业特点的讨论要点并不是说这些家庭中没有艺术家和作家等,而是为了强调在这些家庭中,从事高度分析性职业的成员比例过高的现象。鉴于这份问卷收录在《晚开口说话的孩子》一书的附录中,应该说没有任何理由在全国性的电视上播出该批评家的误导性言论。也正是这位批评家大概两年前已经在互联网上表达了她对于该书以及即将播出在《换日线》节目的忧虑,当时她承认她尚未读过那本书。

来自那些帮助孩子学习说话的私人项目的所有者和推行者的回应,是另一种困扰我的反应。他们的来信是友好的,甚至寻求我对他们项目的认可。作为一个外行人,我没有理由认可任何一个针对晚说话的"疗法",于是我回绝了。经营此类项目的那些人无疑是知道外行人没有资格提供这种认可的;但他们显然觉得就该主题出过书的人如果能给出认可，从经济角度来讲是会有好处的，完全不管这份认可有没有效力。

某位此类项目的推行者曾经引导我去查阅我读过的某本知名著作对其研究结果的支持性引用。然而，当我回到那本书并查阅到作者所依据的有关那项研究的引用时，我发现那项研究正是经营那个项目并给我写信的那位人士所做的。很不幸的是，由那些在某种特定的方法或项目上获得直接既得利益的人主操的研究已司空见惯，所以那些类似于"研究证明了"这个或那个的论点其真正的价值也许要比呈现在我们眼前的少得多。

更广泛的启示

对于那些与晚开口说话的聪明孩子打交道的人们，本书讨论的两个研究所揭示的个体和家庭模式是需要考虑的基本事实，姑且先不谈今后的科学研究将会支持还是削弱我对于该类现象成因所提出的理论假设。截至目前，我们已经找到了两个数量可观的这类孩子的样本，而在未来几年，卡马拉塔教授和其他人的后续研究还将使我们对这个主题有更多的认识。显然，经由这些努力所浮现的事实真相远远要比某个人的理论被证实或被证伪重要得多。

我们所知道的那些事实已经引发了一些与父母和孩子们无关的社会议题的兴趣。此外，如果研究能证实确实是脑资源的分配导致了某些非常聪明的孩子在学说话上严重滞后，那么我们还将面临一些更有意思的社会问题。这些问题主要有关于遗传、物种差异以及父母一般所扮演的角色。

遗传及其启示

不管造成我们这里称为爱因斯坦综合征的那群特征的原因究竟是什么，我们都很难回避这样一个结论，即遗传是一个主要的因素。那些极其非典型的家庭模式，能够与这些晚说话的聪明孩子身上超常发展的能力找到贴近的匹配，这只是一方面的证据。在英国，有一项研究采用完全不同的方法研究了数千名两岁小孩，结果表明，针对大部分幼儿言语发展的宽泛的环境论解释并不适用于其中 5% 的小孩，也就是言语能力发展最为滞后的那部分小孩。对于这 5% 的孩子——当中就包括了本研究所涉的那一类孩子——遗传是主要的影响因素。

简而言之，在大西洋两岸独立开展的、建立在完全不同的基础之上的两项研究却导向同一个结论。遗传似乎很明确是一个主导因素,而不管透过它的影响感受到的是什么——是通过塑造大脑的结构还是别的什么途径。

出于某些有着历史起源而又为当代思潮分歧所加剧的原因,"遗传"对于有些人来说是个禁忌词,因为它容易唤起关于心智差异的种族解释。然而,我们这里讨论的小孩包括了黑人、白人、亚裔以及美洲印第安人,而且这些小孩彼此之间在个人特征和家庭特征上都很相似,而不管他们所属的族群是多么不同。遗传并不是种族的委婉说法,而是一个引导人们将注意从某些养育孩子的做法中转移出来的因素。不再认定孩子晚开口说话是由于之前对他们要求太多,或因为家中同时使用双语等教养方式;这两种方式都没有被证明对言语发展会造成影响。

这里报告的两项研究所发现的特殊能力模式也许还能为我们理解存在于美国黑人中的一个奇怪的现象提供一些思路,即为什么他们中出了不少音乐家,而数学家却不多。不同研究者都认为,从脑功能角度来讲,音乐和数学是高度相关的两种技能。与此相一致的是,在我们研究的对象中,那些有数学或分析天赋的人同时玩乐器的情况是很盛行的。那么到底为什么美国黑人在音乐和数学方面的能力却如此迥异呢？

音乐和数学之间的一个重要的社会差异在于，数学依赖于教育，而音乐，尤其是弹钢琴，可以自学成才或者通过观察别人习得。直到20世纪40年代，大部分在美国的黑人都还没有完成小学教育，但早在19世纪，黑人就已经有了盛产音乐家的传统。即使当高等数学最终成为了那些先前倾注在音乐上的才能的另一种可能出口，传统和社会环境的影响还是让年轻黑人更多地走上了音乐之路。

黑人在音乐界所从事的领域也支持了这种解释。正是在那些需要很少或根本不需要正式训练的音乐领域——钢琴而不是小提琴、爵士乐而不是古典乐、流行即兴演唱而不是形式化的歌剧演唱，黑人不仅仅占据了应有的位置而且简直是超常发挥。整个美国的音乐风格，都受到了来自黑人音乐家的深刻影响或者说就是由他们塑造的；但在与之密切相关的数学领域以及以数学为基础的其他领域如科学界和工程界，黑人的代表性却仍然严重不足。

黑人也许并不比其他种族群体的人拥有更多的音乐天赋但后者在音乐领域远不及他们有影响；黑人在数学上的天赋也可能一点都不差，但当这些才能倾注到某些特定渠道并在其中得到表达时，可能就会在这些狭窄渠道中结出丰硕果实。这种现象并不是为黑人所独有。由于一些历史原因，爱尔兰人倾向于将他们的才能和雄心壮志抛洒到政治事业中，而不是选择进军科学或商业领域。类似地，爱尔兰人在政治上不仅仅是占据了应有的席位，而是取得了辉煌的成就。在美国大城市政治机制的鼎盛时期，爱尔兰人支配着这些机构，与此同时，他们也掌控着美国工会的领导权。放眼世界上的其他国家，由某个种族群体主导某一领域或某种职业的类似现象可谓比比皆是。

撇开遗传的种族方面不说，如果我们作为独立个体的能力确实严重受制于我们大脑的结构，这有什么启示意义呢？这将意味着不管我们再怎么努力，我们中的大部分人都不可能成为爱因斯坦，因为我们就是不具备他那样的脑资源。同样地，那些智力水平还不及我们的人可能永远也没有机会赶上我们。关于这一点的理解除了可以弱化我们的傲慢心态——以及盲目和冷酷无情，这也会是一个很重要的社会贡献——并不会有其他不良影响。

一旦我们认识到许多能力实际上都是天生的，我们就可以摒弃美国学校不惜一切代价苦苦求索的虚假平等，不论是在学生分组、教学还是评分的方式上。我们再没有理由让那些有数学天赋的小孩因为要参与那些为掌握分析性概念比较普通的小孩设计的步调或教学材料感到厌烦，从而阻碍了他们的成长，正如我们不应该泯灭某些孩子在艺术或写作方面的天才一样。一个人也许不可能在所有方面都优于其他人，但每个人都有可能在不同的方面有优势，而以虚假平等为基础的步调一致的教育则有可能使所有人都饱受挫折而趋于平庸。想一想那些在本研究中或其他地方的那些非常聪明的孩子，他们在学校遇到了严重的麻烦，原因却不是他们不够聪明而恰恰是因为他们太聪明了，这是不是让我们有一种痛定思痛的清醒之感呢？

有些小孩说话晚可能是因为他们的大脑在优先培育分析式功能，但这种可能性的反命题，即分析能力早熟或超常的人一定学说话比较晚却不一定成立。在斯坦福大学进行的具有里程碑意义的特尔曼研究中，大部分高智商的小孩开始会说话的时间都倾向于比一般人早。类似地，这里研究的小孩对音乐的普遍热情并不一定都与高超的智慧技能相伴随。例如，曾经赢得诺贝尔奖的经济学家米尔顿·弗里德曼（Milton Friedman）就曾在他的回忆录中说到他从来就没能从音乐中享受到任何乐趣。

凑巧的是，在听到弗里德曼教授事件的的第二天早上，我读到了一位音乐教授在做完脑部手术后丧失了对音乐做出情感反应的能力，尽管他的技术性知识都保存完好。有没有可能这位教授大脑丧失的东西正是弗里德曼大脑中从来就没有过或者说没有充分发育到让他能够欣赏音乐的那样东西？也许对类似的其他人进行研究能为这个问题提供更多的线索。有没有可能这种官能的发展不足正是有些人要为其大脑在其他领域超常发展付出的代价，正如另外一些人付出的代价是滞后的言语发展或对过敏症缺乏抵抗力的免疫系统一样的？

物种差异

大脑中不同的资源分配也可以为物种之间的比较提供一些启发。大部分动物的嗅觉能力的发展程度都要比人类高得多。要对不同的气味做出精细的区分不仅需要一只灵敏的鼻子，而且还需要大量用于对气味做细微辨别的脑资源，以便将一个物种的气味同另一个物种区分开来，将某个个体的气味同另一个个体区别开来。那些脑中有充足的资源来做这件事的动物可能不能像人类一样思考，但我们人类对气味的侦测和辨别能力却远远不及这些动物。

对于一只鹿来说,能够侦测到一定距离外的狮子气味之于其生存的意义要比知道 $E=MC^2$ 大得多。但对于人类来说,高度发达的嗅觉能力也许就没有这样的生存价值了,因为人类并不具备能跑过狮子的奔跑速度,也不具备能战胜狮子的体力。人类的生存依赖于从智慧上超越狮子而产生的各种技巧,例如寻找或建造狮子进不来的庇护场所;在晚上用火光驱逐狮子,并最终制造出能够猎杀狮子的武器而不是反过来被它们猎杀。

父母

在对那些说话晚的聪明孩子进行追踪的 7 年里,令我印象深刻同时深受鼓舞的便是这些孩子的父母所付出的巨大努力。

有些家庭倾其所有几至破产边缘,却始终怀抱希望,他们带孩子去看全国各地的专家,期待找到问题的症结和帮助孩子的办法。有些则聘请家庭教师和口语治疗师,或为那些吹嘘会有奇迹般效果的项目支付高昂的费用。有些家庭甚至迁居到了更偏远的地区,因为那里相对低廉的生活成本使得母亲有可能放弃工作而留在家里全职照顾她的小孩。有些母亲甚至因为孩子父亲不理解也不理睬孩子的特殊需要而选择了结束婚姻。

然而，与这幅充满巨大投入和牺牲的背景形成反差的是，太多的所谓"专业人士"的做法和态度实在让人深恶痛绝。他们草率地给托付到他们那里的孩子贴上标签并且非常武断地对待他们。肤浅可笑的检查单、脱口而出的行话以及自以为是地认为父母们是在"否认现实"，所有这些让我们看到这样一幅图景，即许多自称从事"帮助"行业的人实践着令人难以置信的卑鄙和不负责任的勾当。

不幸的是，这样的态度并不仅仅局限于那些跟说话晚的孩子打交道的人。各式各样的"专家"把他们的钱财、职业和自我建立在其对于父母的优越感之上。他们有着强烈的动机把他们的那套理论和教条用在孩子们身上，与此同时轻率地把父母的第一手经验视为外行人的幻觉。现在，曾经被他们笼统地做过判决的一些孩子已经被卡马拉塔教授追踪了好些年并会一直持续到他们成年。很快我们就会有第一份这样的记录，可以看看这些"专家"在多少时候是错的，而且错得有多么离谱。即使是在现在这个阶段，我们已经非常心痛地看到太多的专业人士和半专业人士有多么草率和鲁莽。

与此同时，不管是在教育、治疗还是其他情境中，对于父母们的投入以及他们的第一手知识的尊重迟迟没有到位。同样地，我们要给予更多尊重的还包括所有那些因为各种各样的原因不得不遭遇不断壮大的"专家"大军的父母们。

父母们需要知道什么时候该拒绝承担别人巴不得搁到他们心坎上的愧疚感，什么时候该质疑那些时髦的标签和施舍般的恐吓企图，以及当那些人的所言所行毫无道理时，何时该站起来为自己的孩子说话。更重要的是，父母们要了解自己才是主人而不是任人摆布的兵卒，他们也不能让自己的孩子成为其他人游戏中的兵卒。

我们大家都要清楚，为了提升自己的职业和促进自己的晋升计划，那些"专家"们——教育者、治疗师或其他人——有充分的动机来贬低孩子的父母。正如存在有缺陷的父母，在许多领域也存在着有缺陷的人，他们想接管父母们做决定的权利，却不愿意接过承担后果的责任。

我们需要记住，只有父母会毫无怨言彻夜不眠地守护着生病的孩子，或牺牲金钱、时间和职业机会只为呵护和促进这个幼小生命的茁壮成长。当一所新开张的好学校开始招生时，是父母们露宿一夜只为争取先到先得的机会。父母们奉献的是一笔巨额的固定资产，我们的社会不能因为某些转瞬即逝的时尚而去浪费这笔挥霍不起的财富，或仅仅因为父母之爱太过理所当然而令其得不到应有的尊重。父母是一笔巨大的财富，不仅仅因为他们的无私奉献，也因为他们丰富的第一手知识。然而当他们的亲眼所见不符合那些流行理论的假定时，这些知识往往仅凭一句"否认现实"就被置之不理。

这里研究的那些孩子也可以成为整个社会的一笔巨大财富。在一个由常规支配的、以治病救人为导向的大气候中，这些孩子通常被视为"症状"的携带者和"问题"的根源，然而实际上他们超常的能力蕴涵着宝贵的机会。根据常模来调整这些孩子或强行让他们跟别的孩子一道按固定步调踏步前行的企图只会糟蹋并消弭掉他们身上的罕见天赋。这些有天赋的孩子不仅可以实现自己的人生追求，而且可以为整个社会作出巨大贡献。

附　　录

为了不让第一章的内容看起来像是充满数字的调查报告，我将一部分表格保留到这里，以方便那些需要更多具体细节的研究者，或者是那些想要对样本和它们所呈现的内容有更多了解的人查阅。即使是这样，这个附录也没能包含由晚开口说话儿童的父母填答的问卷里面的所有统计数据。如果有需要这部分内容的，可以写信到斯坦福大学胡佛研究所（The Hovver Institution, Stanford University, Stanford, California 94305）。

附录的第一部分提供了数据，第二部分探讨了研究方法。

第一部分：统计数据

两个研究小组的样本大小和样本特点见表1，都是比较基本的资料。

表1　样本大小

	原始研究	卡马拉塔教授的研究
孩子的总数	46	239
男孩	39	202
女孩	7	37
家庭的总数	44	235
亲生家庭数量	43	232
亲生孩子数量	45	236
男孩	38	200
女孩	7	36

亲生家庭和亲生孩子的数据被区别出来，用来分析遗传因素的可能性。我和卡马拉塔的样本是各自独立的。我小组中的成员在他的小组开始形成之前就已经解散了，他没有接受我小组中的任何一个成员加入他们的小组，尽管如此，我小组中的一些成员也寻求并获得了他对孩子的建议。这里呈现的他的小组的数据是截止到2000年6月1日的，尽管从那之后的数据仍然继续在

收集。

  正如第一章提到的，我研究小组中孩子的数量和亲生孩子的数据的差别是因为有一个孩子是被收养的。在卡马拉塔教授的研究中，这样的差别是因为两个孩子被收养，而还有一个孩子的父亲是匿名的精子捐赠人。其中一个母亲也是被收养的，所以她的孩子的亲生祖父母是未知的，但是她和她的孩子仍然被算做是亲生家庭中的一员。不过，这些父母的兄弟姐妹的职业（其中包括3名飞行员）没有纳入到职业的表格中，因为我们没有办法知道这些孩子的叔舅姑姨们是否是他们父亲的亲兄弟姐妹或者是母亲的亲兄弟姐妹；如果是后者，那么他们又会否是母亲的亲兄弟姐妹或是来自收养家庭中的。他们祖父母的职业出于同样的理由也没有纳入统计。我们尝试去联系这些父母，想搞明白这其中缘由；但并没有成功，因为他们在填答完问卷之后搬家了。

  这些孩子什么时候开始说话？什么时候他们的父母开始担忧？正如第一章所言，这很大程度上取决于"说话"是否被定义为说一个字、一个词组、完整的句子还是能够进行有上下文的对话。表2A列举了我的原始样本的数据，表2B列举了卡马拉塔教授的样本数据：

表2A 开始说话的年龄（原始研究的小组）

	1岁前	1—1.5岁	1.5—2岁	2—2.5岁	2.5—3岁	3—3.5岁	3.5—4岁	4—4.5岁	4.5—5岁	5岁以上	尚未
第一个字	5	8	5	9	6	5	2	2	0	1	1
第一个词组	0	1	3	3	6	4	7	9	2	3	5
第一句话	0	0	0	0	1	5	5	9	7	10	7
对话	0	0	0	0	0	2	7	10	4	14	7

表2B 开始说话的年龄（卡马拉塔教授的小组）

	1岁前	1—1.5岁	1.5—2岁	2—2.5岁	2.5—3岁	3—3.5岁	3.5—4岁	4—4.5岁	4.5—5岁	5岁以上	尚未	没有资料
第一个字	50	71	33	35	23	6	5	1	1	*	4	8
第一个词组	1	9	19	37	39	34	12	13	1	1	61	11
第一句话	*	*	3	7	13	29	23	19	5	6	121	12
对话	*	*	*	2	6	19	18	19	13	11	138	12

* 表示在这些类别中没有收集到资料，假定没有人被纳入到这些表列中。

依据任何参照标准,两个小组中的孩子都是非常晚才开始说话的。他们的父母从什么时候起对这个事实非常关心呢?表 3 呈现了这方面的变化。

表3　孩子在多大时,父母变得非常关心说话的事情?

	1 岁前	1—1.5 岁	1.5—2 岁	2—2.5 岁	2.5—3 岁	3 岁以上
原始研究	0	4	2	17	12	11
卡马拉塔的研究	2	9	42	91	57	37

是什么样的明确原因让这些父母变得担心呢?表 4 呈现了各种原因。

表4　父母担心的主要原因

	孩子的挫折感	日常问题	落后预定进度	其他原因
原始研究	4	1	31	10
卡马拉塔的研究	27	22	156	34

表 5 呈现了两个小组孩子近亲中音乐家的数量。

表5　孩子近亲中音乐家的数量

	至少有一个亲近懂乐器	懂多种乐器	专业音乐家
原始研究(45)	35	26	12
卡马拉塔的研究(223)	185	156	67

当同时考虑那些有高分析能力的职业或者是懂乐器的亲戚时，两个小组中的大部分孩子几乎都有这样的亲戚，平均每个孩子有 4 位这样的亲戚，详见表 6。

表 6　从事高分析职业或者是音乐行业的近亲数量

	至少有一个	两个或以上	三个或以上
原始研究（45）	44	39	32
卡马拉塔的研究（223）	224	215	195

这些家庭大小和组成上的差异让我们很难将他们与普通家庭对比，并据此得出这些家庭到底有多么的不同寻常。只从这些孩子的父母和祖父母这一个方面考虑，也许可以达到一个对比的标准。虽然不同的家庭在叔叔、伯伯、阿姨、姑姑方面会有差异，但是他们都有两位亲生父母以及 4 位祖父母。我们可以了解一下这 6 个人中有多少从事分析性行业和懂乐器。但是，这就会带来过多不必要的表格，即使是放在附录里也是如此。这里只选取一种最重要的职业——工程师——来说明。因为这些孩子的女性亲戚中很少有工程师，所以表 7 只展示了父亲和祖父辈是工程师的数据。

表7　父亲和祖父是工程师的数量

亲生孩子	父亲	祖父
原始研究（45）	20%	33%
卡马拉塔的研究（223）	22%	38%

如果想获取其父母和祖父母其他职业的数据，可以联系我，我可以提供原始的数据。

因为祖父的数量是父亲的两倍，所以在祖父中出现更多工程师的概率是正常的现象。两个小组中孩子的另一个特点就是他们比较晚地学会如厕。关于这一点，他们有不同的状况，见表8。

表 8　如厕的年龄

年龄	小便（原始研究）	小便（卡马拉塔的研究）	大便（原始研究）	大便（卡马拉塔的研究）
1 岁前	0	*	0	*
1—1.5 岁	0	1	0	4
1.5—2 岁	2	0	2	0
2—2.5 岁	2	10	1	4
2.5—3 岁	4	13	3	6
3—3.5 岁	13	35	9	26
3.5—4 岁	6	22	8	14
4—4.5 岁	5	16	5	21
4.5—5 岁	5	4	4	5
5 岁以上	4	2	8	2
尚未	3	120	4	138
没有数据	2	16	2	19

* 表示在这些类别中没有收集到资料，假定没有人被纳入到这些类别中。

表 9　两个研究中孩子的身体能力

亲生孩子	平均水平之上	平均水平	笨拙的
原始研究（45）	26%	39%	35%
卡马拉塔的研究（223）	37%	42%	21%

第二部分：方法

在第一章里展示各种复杂数据的表格包括两方面的内容：(1) 尝试去比较我的研究数据和卡马拉塔教授的研究数据；(2) 深入探讨我的研究表格的内在含义。

协调两个研究之间的差异性

幸运的是，在卡马拉塔教授研究中使用的表格和我的研究中使用的表格非常的相似，所以在大部分情况下，在词语和方法的使用上并没有大的差距。但是，说明存在的差异也是很有必要的。

例如，在拼图能力的表格里，我的数据被分成 4 种类型：通常较好、平均水平、低于平均水平以及没有留意。卡马拉塔的表格的前三种与我的一致，但是最后一种则细分为不知道和未留意。在第一章的表格里，他的不知道的类型在本质上与我的没有留意的类型是意义相同的。而未留意部分的数据则被简单地用总的分值减去，将这个百分比与那些家长回答了全部问题的比例相互对比。幸运的是，128 名家长里面只有 3 个人回答未留意，所以带来的影响是非常小的。如果有人喜欢另一种数据处理方法，也可以将这些数据加回去看看是否有差别。

在记忆的表格处理上，对卡马拉塔教授数据未留意分类的处理采取了相似的办法，但是在我的数据处理中没有使用。有两位孩子的家长漏答了，我又使用了相同的方法在使用电脑处理数据之前，将这两个数值从总数中减去。在社会交往的表格中，也有两项遗漏的数值被减去。在说明为何家长认为他们的孩子晚开口说话是个问题的统计表格中，则有一个遗漏的数值。卡马拉塔教授对他的数据采取了更加细致的分类，区分哪一个理由是独立存在的、哪些是非独立的以及每个理由存在的先后顺序。在我的统计表格里，则一并计算。当然，两个研究的各种分类累加起来的数值必然会超过百分之百。

在《晚开口说话的孩子》一书中，近亲的职业和近亲通晓乐器的人数采用了纯粹的数值来表示。但是，我的研究和卡马拉塔教授的研究的样本大小差别太大，在第一章所呈现的表格都是采用了百分比来表示，这是为了更好地将两个研究进行比较。这就引发了一个问题，就是哪些家庭是被计算在这些百分比之内的。因为我们在其中探讨了遗传的可能性，显而易见的，只有亲生家庭是应该被计算在内的。而幸运的是，在我的研究小组中，只有一个孩子是收养的；也就是说，44个家庭中有

43个是亲生家庭，这是与我们的目标相匹配的。但是，这些细小的差别也能够给在《晚开口说话的孩子》一书和本书所引用表格的百分比带来细小的差别。但是，结论是一样的。

有多少孩子被诊断为患有某种程度的自闭症，是许多没有纳入本书统计的资料之一。这是因为即使是对同一个孩子，也有各种互相矛盾的诊断，或者在孩子成长过程中发现其行为与最初的诊断不符合。后者在我的研究小组中相对于卡马拉塔教授的小组要更常发生，因为我对我的研究小组的孩子的追踪要长于卡马拉塔教授的研究小组。在我的调查中，"广泛性发展障碍"与自闭症是同一个意思，但是在卡马拉塔教授的小组中并非如此。

在一些呈现孩子第一次说话或者是第一次养成如厕习惯的年纪差异的统计表格中，有些分类里面是有*号标记的，旨在提示卡马拉塔教授的研究中并没有这个分类。例如，他没有给那些5岁或者5岁以上才说出第一个字的孩子分类，因为卡马拉塔不认为研究对象中有这样的孩子。在我的研究对象中，却涵盖了1岁之前到5岁以上的各个分类。附带一提，为了让年龄区分不混淆，1至1.5岁的孩子指的是那些12个月大到18个月大之间（不包括正好 18 个月大）的孩子。

第一次研究

为了便于说明 1996 年的问卷的数据，我在此处收录了用于制作这些表格的使用说明和原始问卷。

Ⅰ. 孩童早期

1. 从孩子多大的时候,你开始担心他还不会说话这件事?
   _____

2. 为何孩子不会说话在那时会被认为是一个问题?(请从以下理由中选取合适的。如果不止一个,请在最重要的理由前写1,次重要的写2,以此类推。)
   孩子因为不能交流而感到不快乐。 ☐
   父母因为孩子不会说话带来的日常问题而感到不快乐。 ☐
   孩子到了正常说话的年龄,担忧孩子的未来。 ☐
   其他原因(请在横线上填写具体原因):_____
   _____

3. 请选择下面符合你孩子情况的描述:

   | 左撇子 | 右撇子 | 两手通用 |
   | ☐ | ☐ | ☐ |

   | 多次或者严重的过敏症 | 轻微或者是中度的过敏症 | 没有过敏症 |
   | ☐ | ☐ | ☐ |

   | 多次或者严重的耳朵感染 | 轻微或者是中度的耳朵感染 | 没有耳朵感染 |
   | ☐ | ☐ | ☐ |

   | 低于平均水准的身体技能 | 身体技能普通 | 高于平均水平的技能 |
   | ☐ | ☐ | ☐ |

   | 拼图能力非常好,能够拼装图形或者是将其分解成数个部分图形 | 拼图能力与平均水平孩子一致 | 拼图能力低于平均水平的孩子 |
   | ☐ | ☐ | ☐ |

   从来没有注意到或者是测试过孩子的拼图能力
   ☐

   孩子会着迷的事情有:

   | 水(浴缸或小溪、游泳池、湖泊等) | 旋转的物品 | 其他 |
   | ☐ | ☐ | ☐ |

其他，请列出具体内容：＿＿＿＿＿＿＿＿＿＿＿＿＿
＿＿＿＿＿＿＿＿＿＿＿＿＿＿＿＿＿＿＿＿＿＿＿＿＿＿＿＿＿＿
＿＿＿＿＿＿＿＿＿＿＿＿＿＿＿
没有会被特别迷住的事物 ☐

4. 在孩童早期偏好女孩玩具，比如洋娃娃；或者是偏好男孩玩具，比如开汽车或者火车；或者是没有偏好。

偏好女孩玩具	偏好男孩玩具	没有偏好
☐	☐	☐

5. 在两性伙伴都在场的情况下，孩子偏好与什么性别的孩子玩耍？
   偏好与女孩玩耍　　　　　　　☐
   偏好与男孩玩耍　　　　　　　☐
   没有特别的偏好　　　　　　　☐
   通常只能找到男孩玩耍　　　　☐
   通常只能找到女孩玩耍　　　　☐

II．家庭背景

1. 孩子在家中的排行：
   A 唯一的小孩　B 第一个小孩　C 最小的　D 收养的
   E 其他情况（请详细说明）＿＿＿＿＿＿＿＿＿＿＿＿＿

   姐妹数量：＿＿＿＿＿＿＿
   兄弟数量：＿＿＿＿＿＿＿
   是否有晚开口说话的兄弟姐妹或近亲？＿＿＿＿＿＿＿＿
   在这样的近亲中，男孩是否明显比女孩多，或者恰好相反？
   ＿＿＿＿＿＿＿＿＿＿＿＿＿＿＿＿＿＿＿＿＿＿＿＿＿＿＿＿＿＿

2. 家庭的教育背景和职业背景
   父母的教育：
   教育水平（文凭或学位）＿＿＿＿＿＿＿＿＿＿＿
   从事领域＿＿＿＿＿＿＿＿＿＿
   父母的职业：
   母亲＿＿＿＿＿＿＿＿＿＿＿＿
   父亲＿＿＿＿＿＿＿＿＿＿＿＿

家庭成员的职业背景：
（请在各个类别里填相应的数值，说明有多少位家人在从事该职业）

	父亲	母亲	祖父	祖母	姑姨	叔舅
会计						
电脑专业人员						
工程师						
数学家						
音乐家						
飞行员						
科学家						
其他分析性职业（请具体描述）						

请在那些亲戚懂或玩过乐器的分类里标记 M，并在那些具有专业音乐水平或者教授音乐的亲戚的 M 的旁边标记 * 号。

3. 种族背景

	母亲	父亲
欧洲裔或者是白人		
非洲裔或者是黑人		
中国人或日本人		
美国印第安人或者美国本土人		
印度人		
其他（请详细填写）		

III．说话

1. 孩子在多大时说出生平第一个字？_____
2. 孩子多大时第一次用多于一个字作出陈述？_____
3. 孩子多大时能够说出完整的一句话？_____
4. 孩子多大时能够进行对话？_____
5. 孩子说话时，会辅以何种程度的姿态、面部神情或肢体语言？请在下列选项中勾选：

比同年龄的大多数孩子频繁很多	
比同年龄的大多数孩子经常发生	
与同年龄的孩子相同	
比同年龄的孩子更少发生	
比同年龄的孩子罕见	

IV．社会性发展

你如何描述孩子处理社会关系的能力？

远低于平均水平	
低于平均水平	
与平均水平相当	
高于平均水平	
远远高于平均水平	

V．智力能力

1. 请在下表填写你的孩子在多大的时候进行了智力测试，智力测试的名称，智力测试的分数以及其他能力指标。

年龄	测验名称	得分或其他指标
年龄：		
年龄：		
年龄：		
年龄：		

2. 请勾选与你的孩子的记忆力水平相符的选项。

非常差	低于平均水平	平均水平	高于平均水平	非常好
□	□	□	□	□

Ⅵ．其他内容

1. 评估

您的孩子是否经过医学领域或者是心理学领域的专家诊断有晚开口说话这个问题？是□　否□

请在下面的表格填写你的孩子是在多大的时候接受过这些检查，进行检查的人员的职业是什么（医生、心理学家等）以及检查的过程和结果：

检查	进行检查人员的职称	测验的名字或者是过程	测验对孩子来说是否是一种压力	检查后得出了什么样的结论
孩子参与第一次检查的年龄				
孩子参与第二次检查的年龄				
孩子参与第三次检查的年龄				
孩子参与第四次检查的年龄				

2. 孩子的喜好与厌恶的事物：

孩子特别喜欢的事物是：＿＿＿＿＿＿＿＿＿＿＿＿

孩子特别厌恶的事物是：＿＿＿＿＿＿＿＿＿＿＿＿

3. 你是否曾经请口语治疗师治疗你的孩子？是□　否□

在孩子多大的时候？＿＿＿＿＿＿＿＿＿＿＿＿＿＿

有什么进展吗？＿＿＿＿＿＿＿＿＿＿＿＿＿＿＿＿

4. 孩子在多大的时候学会如厕？
　　小便_____　　大便_____

Ⅶ. 小组活动

请勾选以下描述与您的情况相符的句子：
　　我曾经给整个小组写信。　□
　　我曾经给小组的个别成员写信，而非对整个小组。　□
　　我曾经给小组中的某个（某些）成员打电话。　□
　　我曾经接到某个（某些）小组成员的电话。　□
　　我曾经个别见过其他小组成员。　□
　　我经常看小组发出的信件和通知。　□
　　我偶尔会看小组发出的信件和通知。　□
　　我极少看小组发出的信件和通知。　□
　　我从来不看小组发出的信件和通知。　□

请补充任何需要说明的事情，不论是为了事件本身还是为了厘清上述提供的回答。

如果我在下面的表格中签名，则表示同意将本问卷和之前的问卷内容提供给参与小组研究的医生或者其他专业人士参考。我的名字不会在任何的出版物或者被认可的小团体中公开。如果有任何其他的要求，请在签名前说明：

姓名：_____
签名：_____
地址：_____
　　　_____
　　　_____
电话：_____

问题：	澄清和说明事项
男性或女性的类别	在这里指的是个体作为男性还是女性而言，而非指家中有两位晚开口说话孩子（一男一女）的数值。个体的数值和家庭的数值必然不会一样。更重要的是，对于大部分的问题来说，相关问题的答案都是以个人情况为内容，其他少部分才是以家庭情况为内容。
部分 I 问题 1	因为年龄的分类有部分重叠，"1—1.5 岁"是指在 1 岁和 1 岁半之间。换言之，如果家长为恰好是 1.5 岁的孩子担心晚开口说话的问题，会被记录为在这个分类之中。同样的规则适用于其他的分类。这是一个关于父母的问题，我们不想重复计算那些有一个以上晚开口说话孩子的家庭，于是，在这里的数值是代表家庭而非个体。
部分 I 问题 2	因为这也是一个关于父母的问题，所以在这里的数值也是代表家庭而非个体。
部分 I 问题 3	因为这是一个关于孩子的问题，所以这里的数值是指个体，如果没有特别说明数值是代表家庭则默认为代表个体。
部分 II 问题 1	这个数值是代表家庭的，否则的话，那些双胞胎的晚开口说话孩子近亲会被自动地计算为两个个体，而那些同样也是晚开口说话的近亲也会同样被计算两次。
部分 II 问题 2"职业表格"	"职业"的表格是代表家庭的。这样的话，如果一个家庭中有两位晚开口说话的孩子有一个叔叔是会计，就不会记录为有两个会计。这是一个另一种家庭表格，有着更为基础性的意义：我们最终想知道的是在晚开口说话孩子的家庭中有多大比率的工程师、会计师等。这也意味着一个如果有两个叔叔是会计师在这个表格里会被计算为一个。否则，如果三个家庭中只有一个近亲是会计，尽管那个家庭总共有三个会计，统计的数值只会有 33%。所以，对于任何一种职业，无论有多少位近亲被列于问卷上，在那个家庭在那项职业类别上也只会被计算一次。在这个统计表格里，我们计算的不是有多少近亲是会计的数值，而是计算有多少家庭至少有一位近亲从事该职业的数值。

问题：	澄清和说明事项
部分II 问题1"男孩比女孩多，或者相反"	如果双方的家庭没有性别不平衡的现象，这一题应该勾选"没有多大差别"。这个题目并没有特别针对父亲或母亲一方的亲戚，因此作答时请考虑双方的情况。
部分II 问题2	这个表格也是家庭的情况，指有多少个家庭有晚开口说话孩子而且近亲是音乐家。如果音乐家不止一个，这一点也不会改变勾选"是"的选项，但是这样的家庭也可以在"多样"选项里勾选（计算为一个）。也就是说，在这里，同一个家庭能够被拿来计算一次以上。
部分II 问题3	这是一个属于家庭的问题，也就表明如果有一个以上晚开口说话孩子的家庭不会被重复计算。
部分III、IV、V、VI	这些全都是个体的数值。
部分V （智力）	如果有多种不同的分数，则记录最高的分数。
部分VI 问题1	将"广泛性发展障碍"等同于自闭症。
部分VII	这部分指家庭情况。这样做是为了避免将有多个晚开口说话孩子的父母重复计算。

万千心理图书目录

代号	书目	著、译者	定价(元)
\multicolumn{4}{生活与心理专题}			

代号	书目	著、译者	定价(元)
	生活与心理专题		
X1159	自恋：一个新理论	N. Symington著　吴艳茹译	28.00
X1119	老年心理解码	徐坤等著	52.00
X879	语迟的孩子也聪明	Thomas Sowell著　王玉　郭明珠译	20.00
X901	积极老年生活心理健康七法	Robert D. Hill著　王海梅等译	26.00
X942	电影中的心理寓言	王岠著	28.00
X781	女人要懂的衣橱心理学	J. Taggart等著　陈浪译	29.80
X908	怎样与老年痴呆症患者交流	J. L. London著　张荣华等译	22.00
X913	心理减肥	G. Blair-West著　李迎潮译	32.00
X818	快乐就在方寸之间	钟思嘉著	18.00
X819	智慧生活幸福满贯	钟思嘉著	19.80
X785	心理勇气	D. Putman著　訾非　田浩译	19.00
X786	自恋	S. Hotehkiss著　蒋晓鸣译	18.00
X750	炒股心法	栗建著	25.00
生活与心理专题合计			**337.60**
	父母必读专题		
X768	宝宝情感	Linda Acredolo著　葛艳红译	26.00

编号	书名	作者/译者	价格
X887	告别产后坏情绪	Ariel Dalfen著　季琭妍等译	28.00
X861	亲子游戏应该这样玩	王颖慧　游达裕著	18.00
X769	宝宝智慧	Linda Acredolo等著　张玉冰译	22.00
X767	宝宝手语	Linda Acredolo等著　陈菲译	18.00
父母必读专题合计			**112.00**
儿童心理专题			
X860	学习障碍儿童的心理与教育	刘翔平主编	32.00
X702	奇妙的心灵——儿童认知研究的新发现	Michael Siegal著　张新立等译	30.00
X648	儿童评价	J. M. Sattler等著　陈会昌等译校	58.00
X595	儿童绘画心理学	Claire Golomb著　李甦译	50.00
儿童心理专题合计			**170.00**
心理自助专题			
X765	和失眠说再见（修订版）让你倒头就睡的秘诀	P. Hauri著　劳亚等译	58.00
X910	忙碌女人的快乐心法	Maryam Webster著　陈丽等译	15.00
X761	梦旅人——自助解梦指南	四四著	29.80
X839	做更好的自己	E. W. McCormick著　傅莉译	36.00
X721	和自己的梦在一起	李骥著	32.00
心理自助专题合计			**170.80**
心理咨询与治疗导论			
X1419	自体心理学导论	P. A. Lessem著　王静华译	48.00
X1404	倾听·感觉·说话的更新换代	池见阳编著　李明译	58.00

编号	书名	作者/译者	价格
X1160	101个心理治疗难题	J. S. Blackman著　赵丞智等译	88.00
X1158	聚焦：在心理治疗中的运用	A. W. Cornell著　吉莉译	48.00
X1157	沙盘游戏疗法手册	B. A. Turner著　陈莹 姚晓东译	88.00
X1092	心理治疗中的改变	波士顿变化过程研究小组编著 邢晓春等译 李孟潮审校	42.00
X1206	母婴互动及成人心理治疗中的主体间形式	Beatrice Beebe等著 庞美云 宓肖燕译	36.00
X1140	沙游在心理治疗中的作用	Dora M. Kalff著　高璇译	38.00
X1137	心理治疗中的首次访谈	S. Lukas著　邵啸译	30.00
X1126	心理咨询面谈技术（第四版）	Rita Sommers F.等著　陈祉妍等译	80.00
X999	主体间性心理治疗	P. Buirski等著　尹肖霞译	35.00
X1121	心理治疗实战录	M. F. Basch著　寿彤军 薛畅译	45.00
X1027	心理治疗师该说和不该说的话	L.N.Edelstein等著　聂晶等译	50.00
X1011	自体心理学的理论与实践	M. T. White等著　吉莉译	32.00
X930	沙游治疗	B. L. Boik等著　田宝伟等译	38.00
X720	心理咨询师的问诊策略（第六版）	S. Cormier等著　张建新等译	78.00
X808	心理咨询与治疗经典案例（第七版）	Corey, G.著　谭晨译	36.00
X830	心理咨询与治疗的理论及实践（第八版）	Corey, G.著　谭晨译	45.00
X705	精神科临床诊断	Morrison J.著　李欢欢 石川译	32.00
心理咨询与治疗导论合计			**947.00**
心理治疗精选读物			
X1133	给心理治疗师的礼物（精装）	Irvin D. Yalom著　张怡玲译	58.00
X1131	日益亲近（精装）	Irvin D. Yalom著　童慧琦译	58.00

编号	书名	作者/译者	价格
X1132	直视骄阳（精装）	Irvin D. Yalom著　张亚译	48.00
X1130	罗杰斯心理治疗（软精装）	B. A. Farber等著　郑刚等	78.00
X1129	寻求安全	L. M. Najavits著　童慧琦等译	66.00
X1123	爱·恨与修复	Klein M.等著　吴艳茹译	18.00
X1182	嫉羡与感恩	M. Klein著　姚峰等译	60.00
X1120	心理治疗中的依恋	D. J. Wallin著　巴彤等译	70.00
X969	我穿越疯狂的旅程	E. R. Saks等著　李慧君等译	40.00
X1050	熙珥叙语：一个咨询师的成长历程	吴熙珥　著	18.00
X1067	心理大师揭秘最古怪案例	J. A. Kottler等著　张弘等译	45.00
X1008	心理咨询师的部落传说	徐钧　著	28.00
X849	日常生活的心理治疗	Ole Dreier著　冯墨女译	45.00
X902	心理治疗师之路（第四版）	Jeffrey A. Kottler著　林石南等译	48.00
X889	中日灾后心理援助案例集	陶新华　吴薇莉　主编	32.00
X872	聚焦取向心理治疗	Campbell Purton著　罗希译	28.00
心理治疗精选读物合计			**740.00**
强迫症专题			
X1377	走出强迫症II——正念体悟疗法自助手册	李远等著　东振明等审校	58.00
X1242	强迫症的正念治疗	R. G. Miltenberger著　聂晶译	35.00
X717	走出强迫症	东振明著	36.00
X625	脑锁——如何摆脱强迫症	J. M. Schwartz等著　谢际春等译	30.00
强迫症专题合计			**159.00**

	婚姻与家庭治疗专题		
X1161	妈妈的心灵课	温尼科特著 魏晨曦译　赵丞智审校	52.00
X1007	重建信任——爱情与背叛的心理学	J. Amodeo著　夏天　冯迦宁译	28.00
X922	家庭治疗技术（第二版）	J. Patterson等著　王雨吟译	42.00
X994	如何做家庭治疗	R. Taibbi著　黄峥等译	40.00
X687	萨提亚冥想 ——内在和谐、人际和睦与世界和平	约翰·贝曼著　钟谷兰译	16.00
X716	萨提亚转化式系统治疗	约翰·贝曼著　钟古兰等译	18.00
X579	婚姻与家庭治疗案例	Larry B. Golden著　吴波译	30.00
婚姻与家庭治疗专题合计			226.00
	认知行为治疗专题		
X1098	儿童与青少年认知与行为疗法	E. Szigethy等主编 王建平等译　傅宏审校	78.00
X1180	认知疗法：基础与应用（第二版）	Judith S. Beck著　王建平等译校	58.00
X1181	认知疗法：进阶与挑战	Judith S. Beck著　王建平等译校	56.00
X993	边缘性人格障碍的移情焦点治疗	J. F. Clarkin等著 许维素译　李孟潮审校	52.00
X925	认知行为疗法	D. R. Ledley等著 王辰怡等译　王建平审校	38.00
X1199	行为矫正——原理与方法（第五版）	R. G. Miltenberger著　石林等译	80.00
认知行为治疗专题合计			362.00
	精神分析专题		
X1148	精神分析诊断（精装）	N. McWilliams主编 鲁小华等译　李鸣审校	98.00
X1095	精神分析治疗（精装）	N. McWilliams著 曹晓鸥等译　张黎黎审校	88.00
X1136	精神分析案例解析（精装）	N. McWilliams主编 钟慧等译　李鸣审校	78.00

编号	书名	作者/译者	定价
X1319	长程心理动力学心理治疗	G. O. Gabbard著　徐勇等译	50.00
X1452	俄狄浦斯情结新解	M. Klein著　林玉华译	32.00
X1453	临床克莱因	R. D. Hinshelwood著　杨方峰译	58.00
X1167	俄狄浦斯情结	J. -D. Nasio著　张源译	25.00
X1168	悦读弗洛伊德	J. -D. Nasio著　张源译	25.00
X1380	心理动力学团体分析	H. Behr等著　武春艳等译	52.00
X1383	短程动力取向心理治疗实践指南	H. E. Book著　邵啸译	48.00
X1381	谈话治疗	David Taylor主编　黄淑清等译	58.00
X1382	内在生命	Margot Waddell著　林晴玉等译	56.00
X1221	小猪猪的故事——一个小女孩的精神分析治疗过程记录	温尼科特著　赵丞智译	36.00
X1222	精神分析与中国人的心理世界	C. Bollas著　李明译	36.00
X1226	思想等待思想者	Joan等著　苏晓波译	42.00
X1200	心理动力学个案概念化	D. L. Cabaniss等著　孙玲等译	58.00
X1135	精神分析导论（第二版）	J. Milton等著　余萍 周娟等译	50.00
X945	心理动力学疗法	Deborah L. Cabaniss等著　徐玥译	58.00
X992	短程心理治疗	A. Coren著　张微等译	28.00
X880	督导关系	M. G. F-O'Dea等著　李芃等译	35.00
X915	弗洛伊德与安娜·O——重温精神分析的第一个案例	Richard A. Skues著　孙铃等译	28.00
X771	病人与精神分析师	J. Sandler等著　施琪嘉等译	28.00

……
联系地址：北京市西城区三里河路6号院2号楼213室　万千心理
咨询电话：010-65181109，65262933
*本目录定价如有错误或变动，以实际出书为准。